U0638124

"互联网+图书馆"智慧服务研究

陈　群／著

吉林出版集团股份有限公司
全国百佳图书出版单位

图书在版编目（CIP）数据

"互联网＋图书馆"智慧服务研究 / 陈群著. --
长春：吉林出版集团股份有限公司, 2022.1
ISBN 978-7-5731-0777-0

Ⅰ.①互… Ⅱ.①陈… Ⅲ.①互联网络—应用—
图书馆服务—研究 Ⅳ.①G252-39

中国版本图书馆CIP数据核字(2021)第244560号

"HULIANWANG+TUSHUGUAN" ZHIHUI FUWU YANJIU

"互联网＋图书馆"智慧服务研究

著　　者：陈　群

责任编辑：郭玉婷

封面设计：雅硕图文

版式设计：雅硕图文

出　　版：吉林出版集团股份有限公司

发　　行：吉林出版集团青少年书刊发行有限公司

地　　址：吉林省长春市福祉大路5788号

邮政编码：130118

电　　话：0431-81629794

印　　刷：晟德（天津）印刷有限公司

版　　次：2022年6月第1版

印　　次：2022年6月第1次印刷

开　　本：710 mm × 1000 mm　　1/16

印　　张：11.5

字　　数：200千字

书　　号：ISBN 978-7-5731-0777-0

定　　价：78.00元

版权所有　翻印必究

目　录

目 录

第一章 概 论

第一节 "互联网+图书馆"的介绍

一、"互联网+图书馆"的时代背景

随着大数据、云计算、物联网、人工智能与5G通信网络等新技术、新业务和新生态的发展，互联网正以势不可当的气势渗入社会的方方面面，成为人类发展史上第四次工业革命（信息革命）的重要标志，它在思维、理念、模式、技术及服务等方面引发社会变革，并促进社会生产力的迅猛发展。

移动互联网技术促进了科技信息的飞速发展，2012年11月14日，易观国际集团董事长兼CEO于扬在"易观第五届移动互联网博览会"上提出"互联网+"，认为它是互联网对传统行业的渗透和改变。此观点拓展了互联网仅仅作为一种生产工具而被使用的局限，要将互联网作为一种思维方式渗透到社会和组织运行的各个层面，重构业务模式，创新运行机制，形成一种"连接一切"的新生态。2013年，腾讯创始人兼CEO马化腾，协同马云和马明哲在上海一起推出众安保险时，谈到了"互联网+"的实践，并在几天后的"WE大会"上再次提出"互联网+"是互联网未来发展的七个路标之一，同年的"两会"上，马化腾提出了包括"规划互联网发

展战略"在内的三项提案。2015年"两会"上，马化腾在人大议案中正式提出"互联网+"概念，将"互联网+"国家战略提上日程。2015年3月，国务院总理李克强在政府工作报告中首次提出"互联网+"行动计划，并于同年7月签批《关于积极推进"互联网+"行动的指导意见》，将互联网作为"创新驱动发展"国家战略的原动力，要求各行各业都应当顺应网络时代的发展，让互联网思维模式成为全社会各行各业创新的主引擎。2015年12月，在浙江乌镇举办的第二届世界互联网大会有关"互联网+"的论坛上，中国互联网发展基金会联合百度、阿里巴巴、腾讯共同发起倡议，成立"中国互联网+联盟"。"互联网+"作为一种新业态，在推动经济形态的演变、带动社会经济实体的生命力方面起着重要作用，它利用信息通信技术以及互联网平台，让互联网与传统行业进行深度融合，形成新形态，并将互联网的创新成果深度融入政治、经济、社会、生活等领域，充分发挥互联网在社会资源配置中的优化和集成作用，创造新价值，提高生产率，推动社会进一步发展[1]。

自2015年李克强总理在政府工作报告中提出"互联网+"的主题后，图情界就积极响应起来，于2015年6月在浙江杭州举办了"跨界，浙思享——互联网+图书馆发展"研讨会，与会专家热议了"互联网+图书馆"发展路径；2015年7月，浙江全省公共图书馆开启了"互联网+"新模式，联合发布了《开放融合，连接一切——浙江省公共图书馆"互联网+"行动计划》，该计划通过"流程重组、服务上线、跨界融合、数据共享和开拓创新"五项措施开启了"互联网+图书馆"行动；2015年9月，由黑龙江省图书馆学会等六家科研组织、机构在哈尔滨市联合举办了"'互联网+'环境下的黑龙江知识管理与知识服务创新研讨会"；同月，河北省图

---

[1] 百度百科."互联网+"[DB/OL]. https://baike. baidu. com/item/%E4%BA%92%E8%81%94%E7%BD%91+/12277003.

书馆在张家口市张北县主办了2015年"互联网+图书馆"研讨会暨"数字图书馆推广工程"培训班；2015年10月，江西省图书馆学会在南昌举办了"'互联网+'时代下图书馆资源建设学术研讨会"；2015年12月，中国图书馆学会学术年会开设了"'互联网+'环境下公共特色资源数字化建设与服务"和"图书采访在'互联网+'时代的创新模式"两大分会场来探讨"互联网+图书馆"的发展之路[1]。之后，北京超星集团携手各大高校图书馆围绕"互联网+"下的图书馆知识空间建设这一主题组织开展了一系列会议。例如：2016年3月，在华中科技大学图书馆举办了"互联网+"图书馆知识空间建设学术研讨会，围绕图书馆知识空间建设的主题，探讨了图书馆服务模式的创新，并形成共识，即"知识空间是图书馆的发展方向"；同年7月，协同新疆高校图工委主办、石河子大学图书馆承办了"互联网+"下的图书馆知识空间建设学术研讨会，并启动了石河子大学云舟知识空间项目；同年11月，与河南财经政法大学图书馆协同举办了"互联网+"下的图书馆知识空间建设学术研讨会，探讨在"互联网+"思维下，建立"人机交融"的新型数字图书馆管理和服务体系，使"互联网+图书馆"在高校图书馆得到应用和实践。

随着"互联网+图书馆"理论研究的发展，图情界开始更深入地研究图书馆的空间再造、跨界创新与智慧服务等主题内容，相关会议论文也呈现出各自的特色。例如：2017年8月，数字出版与数字图书馆融合发展国际研讨会探讨了"互联网+大数据环境下的学术出版：新业态、新服务"；同年10月，为进一步推进福建省图书馆转型发展和资源共建共享，福州大学图书馆召开了大数据时代下智慧图书馆管理研讨会，围绕"图书馆空间新体验"和"数字资产监测与分析系统（APM）"两个主题以及大

---

[1] 韩翠峰. "互联网+"环境下的图书馆服务转型与发展 [J]. 图书与情报, 2015（5）：29-32.

数据、云计算、互联网+图书馆、智慧空间等方面进行深入交流与探讨；2018年4月，中国数字阅读大会出版与图书馆融合发展高端论坛在杭州举行，探讨了如何构建"互联网+出版社+图书馆"融合发展生态圈；2018年5月，江苏省高校图书馆情报工作委员会协同超星公司举办了"从传统到智慧——2018新时代高校图书馆服务创新与发展研讨会"；2018年8月，数字出版与数字图书馆融合发展国际研讨会就如何助推数字出版与数字图书馆快速发展、深度融合，更好地服务于国家创新发展战略进行探讨；2018年12月，图书馆空间再造与功能重组研讨会在北京成功举办，紧紧围绕"新服务、新空间、新体验"这一主题，就图书馆空间再造与功能重组、图书馆空间资源建设与服务效能提升等问题进行深入探讨，为加快图书馆转型发展建言献策。

"互联网+"概念的提出加速了互联网行业的发展，也促成了各种"互联网+"模式的广泛应用。例如：阿里巴巴的B2B（Business to Business）模式；天猫、京东、聚美优品、乐蜂网的B2C（Business to Customer）模式；淘宝网、拍拍网、易趣网的C2C（Consumer to Consumer）模式；百度、阿里、腾讯的O2O（Online to Offline）模式；等等[1]。这些成功的电商经营模式为社会生产带来了经济效益，也为社会生活带来便利，为图情界拓展新业务提供了借鉴经验。"互联网+图书馆"的服务创新实践开始在一些公共图书馆实施和开展起来，图书馆利用"互联网+"思维，在平台、资源、技术和服务等方面尝试与各行各业实现联盟合作和跨界融合，最具影响力的是内蒙古图书馆推出的"彩云服务计划"，利用云平台来整合图书馆与其他出版发行机构的资源，为用户提供云服务，并通过与书店合作，实现了图书馆、企事业单位与个人的社会资

---

[1] 陈群. "互联网+图书馆"与海量用户共享阅读模式研究 [J]. 四川图书馆学报, 2019 (1)：56-60.

源共享[1]。苏州图书馆开展的"网借投递"业务，用户只需登录"书香苏州"借阅平台，提出借阅请求，就可以在家附近的社区分馆或服务点坐等送书上门[2]；杭州市图书馆和支付宝合作推出了支付宝借书和还书服务，并能快递到家，真正实现了图书馆与电商行业的跨界融合[3]；上海图书馆与支付宝和芝麻信用联合推出的"信用阅读"项目，通过"互联网+信用监管"模式实现了用户免押金信用阅读，缩短了图书馆办证流程，节省了办证时间，为图书馆进一步提升管理升级、增强公共服务能力打下了基础[4]。公共图书馆"互联网+图书馆"的成功案例为图书馆跨界融合提供了信心和经验，也为图书馆智慧服务提供了机会和条件，也意味着图书馆在互联网时代重塑功能定位，开创新的服务模式，为实现自身成功转型和升级奠定一定的基础。

二、"互联网+图书馆"的研究现状

自从"互联网+"概念被提出后，图情界就敏锐地觉察出这一新式思维方式和创新理念将成为图书馆自我革新的重要力量，它对提高图书馆工作效率、提升服务质量和水平、优化资源配置都具有重要作用。随着全国各地有关"互联网+图书馆"主题会议的召开，相关理论研究也逐步开展起来，图书馆各大权威期刊也纷纷刊载以"互联网+图书馆"为主题的论文，通过期刊网检索得知，在2015—2020年几年间，该主题论文发表近

[1] 内蒙古图书馆.［N/OL］. 2017-10-10［2021-9-30］. http://old. nmgcnt. com/index. php? c=show&id=509.

[2] 苏州图书馆启动的"网上借阅社区投递"［N/OL］. 2014-10-14［2021-9-30］. https://js. qq. com/a/20141014/013908. htm.

[3] 杭州图书馆开通支付宝借书还书服务 还能快递到家［N/OL］. 2017-04-25［2021-9-30］. https://baijiahao. baidu. com/s? id=1565638551287453&wfr=spider&for=pc.

[4] 刘芳. "互联网+公共图书馆"：服务创新与转型发展［J］. 图书馆杂志，2016，35（8）：42-48.

三千篇，其中核心期刊占比为14.7%，特别是《图书馆学研究》《图书情报工作》《图书与情报》《现代情报》及《情报科学》等核心期刊刊载论文较多，学者从多角度、多层次审视"互联网+图书馆"的顶层设计、平台应用、资源融合、服务创新及发展态势等问题，为"互联网+图书馆"的实践运用提供了理论依据和行动指南。

通过相关论文研读可以发现，最具指导性的论文当属张兴旺、李晨晖发表在《图书与情报》2015年第4期上的《当图书馆遇上"互联网+"》，是迄今为止下载量和引用量最高的论文。该论文开启了"互联网+图书馆"研究主题，系统介绍了"互联网+"的起源、发展历程与基本概念，结合图书馆管理与服务实际，就图书馆如何应对"互联网+"带来的挑战进行了分析，并提出了应对之策[1]。同时期，最具代表性的期刊当属《图书与情报》，该刊在2015年第5期上特别策划了"互联网+"与图书馆的专栏，并且在2015年第4、5、6期上连续刊载了关于"互联网+图书馆"的主题论文，从多方面对该主题进行论证。例如：在第5期上发表韩翠峰的《"互联网+"环境下的图书馆服务转型与发展》，对"互联网+"环境下图书馆服务转型与发展对策进行了研究；张兴旺、李晨晖的《"互联网+图书馆"顶层设计相关问题研究》，提出了"互联网+图书馆"顶层设计框架、注意事项、优化过程、贯彻落实等问题；杨晓菲的《"互联网+"视角下的图书馆数据素养教育研究》，对"互联网+"环境下的图书馆数据素养教育需求与特征进行了分析；在第6期上发表李立睿、邓仲华的《基于"互联网+"的融合图书馆构建研究》，重点分析融合图书馆的主要内涵和显著特征，探讨了融合图书馆在发展过程中需要解决的关键问题等。这些论文都起到了很好的引领作用，其下载量和引用量都达到较高水

---

[1] 张兴旺，李晨晖. 当图书馆遇上"互联网+"[J]. 图书与情报，2015（4）：63-70.

平，对业界研究起到了很好的带头作用。此后，图书馆各大期刊也大量刊载了关于"互联网+图书馆"思维方式和创新理念的相关文章，在整个图情界掀起了一股研究热潮，将该主题推向了一个新高度。

随后两年，"互联网+图书馆"的论文研究持续增长，日趋深入化，已由最初的顶层设计、平台建设、空间再造、功能重构、服务转型等抽象的理论研究转向更深层、更具体的发展方向、创新实例、技术架构、跨界合作及智慧服务等研究。例如：豆洪青、刘柏嵩（2017）在《互联网+图书馆：要素、模型与服务》中提出了空间场景的个性化服务、传统借阅业务的流程优化、虚实结合的线上线下融合服务等是"互联网+图书馆"服务进一步发展的趋势；同年，这两位作者在《"互联网+"高校图书馆传统借阅服务探索——以宁波大学"智慧图书馆"APP应用为例》介绍了"智慧图书馆"App中的微书导读、图书转借服务、图书配送及实体书店借阅等功能模块与借阅服务流程，为"互联网+图书馆"在改变服务思维、升级业务流程和创新服务模式等方面提供了实证佐料；王铁力、梁欣、过仕明等（2017）在《基于"互联网+"思维的智慧图书馆研究》中提出了面向"互联网+"思维与"用户"思维的智慧图书馆建设理念，为我国智慧图书馆理论研究与实践应用提供了借鉴；叶文伟、肖琼（2018）在《"互联网+"背景下图书馆共享信息资源的技术架构分析》中指出"互联网+"背景下图书馆共享信息资源构建模型及其技术架构，并深入阐释其特点与优越性，为图书馆服务创新提供参考；默秀红（2018）在《"互联网+"背景下的图书馆跨界合作实践与思考》中系统梳理了"互联网+"环境下图书馆跨界合作的发展历程与研究进展，并结合图书馆跨界合作发展的实践，对图书馆跨界合作服务创新的路径和方法进行了探究，为图书馆跨界合作服务发展提出了一些建议和措施；袁红军（2018）在《基于"互联网+"背景的图书馆智慧服务研究》中阐述了图书馆智慧服务的现实意义，从用户需求、信息技术、资源建设等方面分析了图书馆智慧服务转型升级的动力源。可见，"互联网+图书馆"的研究论文已呈现内容丰富、角度新颖、专题深入的特点，已达到了较高层次，正逐渐走向成熟。

相比达到了一定高度和深度的研究论文来说，有关"互联网+图书馆"的图书专著却略显单薄，由于"互联网+"概念近几年才被提出，该主题研究时间短、实践应用还不成熟，虽然图情界对该主题给予足够的关注，但仅仅呈现出论文的发文量较多，而图书专著却相对欠缺，时至今日相关专著只有三部，即徐岚的《"互联网+"与图书馆》（成都：电子科技大学出版社，2018年），刘玲、齐诚、马楠合著的《互联网+时代图书馆跨界融合研究》（北京：经济日报出版社，2018年）和周建芳的《"互联网+"图书馆》（成都：四川大学出版社，2018年）。这三部著作从各自研究的角度对"互联网+"与图书馆进行论述，研究主题差不多，但侧重不一样。例如：《"互联网+"与图书馆》一书以"互联网+"一般理论为逻辑起点，深入分析了"互联网+"给图书馆带来的影响和挑战，并从宏观视角构架了"互联网+"下图书馆顶层设计，对"互联网+"下图书馆的读者服务、读者行为、阅读推广、信息资源建设和图书馆管理等进行了多层面、多视角、多维度的探讨，作者提出了自己独特的见解[1]；《互联网+时代图书馆跨界融合研究》一书解读了"互联网+"对图书馆的影响，分析了"互联网+"下图书馆跨界融合的方向和机制，论述了"互联网+"时代图书馆与公共文化机构、出版社、商业机构、互联网教育等产业的融合，探讨了在与互联网新媒体融合下对图书馆的读者服务、资源建设、阅读推广等方面的影响，对把握业态新动向和判断发展新趋势具有积极作

---

[1] 徐岚. "互联网+"与图书馆 [M]. 成都：电子科技大学出版社, 2018：1.

用和前瞻性[1]；《"互联网+"图书馆》一书重点研究"互联网+"背景下的图书馆发展创新，全书分为三个部分：第一部分介绍"互联网+"，其主旨是交代图书馆发展创新的时代背景；第二部分在讨论图书馆及其当前发展困境的基础上对图书馆与"互联网+"的契合度进行了分析，进而构建了"互联网+图书馆"的理论框架；第三部分是本书的主体，分别从资源建设、服务创新、信息素养教育、图书馆受赠四个方面分析图书馆具体业务与互联网之间的融合创新[2]。这三部专著研究角度不同，各有特色，论述也较完备，徐岚主要探讨"互联网+"给图书馆管理和服务带来的影响，以及图书馆在互联网时代所面临的服务重构、组织变革、职能重塑、体系重建及功能拓展等问题，认为图书馆在"互联网+"的路上任重道远；刘玲等人则针对"互联网+"背景下图书馆跨界融合机制进行集中论述，通过多领域汇总、多专题剖析，详谈"互联网+"实践操作路径、多方法讲解，将抽象的"互联网+"概念通俗化，有利于用户更好地了解"互联网+"的概念及内涵[3]；周建芳则利用"引—总—分"的结构对著作内容进行阐述，通过理论与实践相结合的方式，系统梳理"互联网+"理论、图书馆发展与建设理论，并在此基础上提出"互联网+"图书馆的理论框架及图书馆的创新业务等，通过全方位分析和审视近年来"互联网+"图书馆行业的创新案例，希望构建"互联网+"图书馆具体业务的新模式。由此可见，虽然"互联网+图书馆"专题研究起点晚，实践应用还不成熟，在某种程度上给著作者造成一定的思考局限，总体研究偏向于理论探讨，对"互联网+图书馆"的构建模式及智慧服务的研究还比较欠缺，但它为后续研究者提供了文献参考价值，通过研读这些论著，可以了解

[1] 刘玲,齐诚,马楠.互联网+时代图书馆跨界融合研究[M].北京：经济日报出版社,2018：1.

[2] 周建芳."互联网+"图书馆[M].成都：四川大学出版社,2018：59.

[3] 叶福军.互联网+背景下图书馆跨界融合的方向和机制研究——评《互联网+时代图书馆跨界融合研究》[J].图书馆工作与研究,2018（12）：2.

"互联网+图书馆"的研究动态、应用情况及发展目标，让图书馆借助互联网新兴技术，不断完善和拓展服务功能，为服务社会和造福人类发挥更大作用。

近年来，随着全国各地图书馆对"互联网+"的有效尝试及成功实践，"互联网+图书馆"发展模式日趋成熟，许多关于共享阅读、跨界融合和智慧服务的案例不断涌现，这为进一步拓展专题研究提供了论证材料。特别是伴随智慧图书馆研究的逐步升温，探索"互联网+图书馆"与智慧图书馆之间内在关系和外部联系成为时代发展的必然趋势，智慧服务成为连接"互联网+图书馆"与智慧服务之间的桥梁和纽带。因此，深入研究和探讨"互联网+图书馆"具有重要的理论价值和现实意义，有利于推动传统图书馆转型升级，使"互联网+图书馆"呈现出新业态，真正实现"互联网+"时代图书馆泛在化智慧服务，最终走向智慧图书馆。

三、"互联网+图书馆"的内涵与特征

（一）"互联网+图书馆"的内涵

自从2015年李克强总理在政府工作报告中正式提出"互联网+"概念以后，各行各业掀起了跨界融合的潮流，"互联网+金融""互联网+农业""互联网+教育""互联网+交通"等新形态应运而生，图情界也不甘落后，提出了"互联网+图书馆"的概念，并掀起了一股研究高潮，学者纷纷撰文从多角度论述"互联网+图书馆"的顶层设计、发展路径、创新平台、未来前景等，但对"互联网+ 图书馆"的概念还没有一个统一的定义。随着研究的深入发展，"互联网+图书馆"的创新实践和应用案例在全国各地日趋成熟，"互联网+图书馆"的内涵越来越丰富，发展路径也越来越明朗，其定义也越来越明确，相信未来的某天终究会有一个统一的

定义，赋予其新的价值和意义。

"互联网+图书馆"最早是以"互联网+"为背景而被提出来的，它是以"互联网+"的起源、发展历程与基本概念为基础，结合图书馆管理与服务实际，为图书馆在"互联网+"时代下如何变革和应对挑战而找到更好的出路。针对"互联网+图书馆"的概念，学者提出了自己的看法：张兴旺、李晨晖在论文《"互联网+图书馆"顶层设计相关问题研究》中从顶层设计的全局性战略规划角度，认为"互联网+图书馆"是在一套科学、明确、合理的设计纲领指导和协调下，在一套系统、科学的功能体系和保障体系支持下的多层次、多区域、多类型图书馆管理与服务层面的系统性升级，以及这些体系间相互协作所得到的阶段性创新成果的集合[1]；刘洵、金席卷在论文《"互联网+图书馆"信息生态位竞争力研究》中根据对信息生态位理论的把握和研究，认为"互联网+图书馆"作为信息活动的主体，其服务体系在与其他信息机构相互作用时，在信息生态环境中所占据的特定位置[2]；豆洪青、刘柏嵩在论文《互联网+图书馆：要素、模型与服务》中认为，以用户数据为驱动源，着力于用户资源为基础的触发式个性化服务创新，将O2O（线上线下）用户社区引入图书馆，通过图书馆的线上服务与图书馆物理空间及线下服务的有机融合，强调图书馆内部线上线下服务的协同、用户的互动与分享、用户黏性，模糊虚拟图书馆与现实图书馆的边界[3]；徐岚在专著《"互联网+"与图书馆》中提出，"互联网+图书馆"的本质是互联网与图书馆进行跨界连接，形成融合创新，以构建起一种新型的图书馆管理和服务模式，进而形成图书馆发展的新形

---

[1] 张兴旺, 李晨晖. "互联网+图书馆"顶层设计相关问题研究 [J]. 图书与情报, 2015 (5)：33-40.

[2] 刘洵, 金席卷. "互联网+图书馆"信息生态位竞争力研究 [J]. 图书馆工作与研究, 2016 (11)：54-56.

[3] 豆洪青, 刘柏嵩. 互联网+图书馆：要素、模型与服务 [J]. 情报资料工作, 2017 (3)：91-95.

态[1]；周建芳在专著《"互联网+"图书馆》中提出，"互联网+图书馆"是指秉承互联网精神，运用互联网思维，通过业务模式的变革与组织结构的调整来实现互联网创新成果与图书馆具体业务的深度融合及模式创新，提升图书馆资源建设质量和信息服务水平，优化图书馆系统的资源配置效率，形成更为广泛的以互联网为思维方式、基础设施和创新要素的图书馆发展新态势，重塑信息泛在时代图书馆的社会价值[2]。由此可见，"互联网+图书馆"已被学者关注并给予阐述，他们根据自身研究情况对其加以定义，并从多角度、多方面、多层次对其进行论述，但统观所有研究，对"互联网+图书馆"的定义还没有形成共识，不过对于"互联网+图书馆"是图书馆转型和升级的必然产物，是图书馆适应时代发展变革的必然结果，是图书馆职能重构的必然选择等认识却基本一致，这为研究的进一步深化奠定了基础。

"互联网+图书馆"不是简单的互联网与图书馆的叠加，它不同于传统图书馆和数字图书馆的固化被动服务模式，而是一种更深层次的图书馆智慧服务模式，将"互联网+"思维应用于图书馆实践，契合了图书馆普遍开放、公平公正、以人为本、共建共享的服务理念，它赋予图书馆以新的活力和生机，在云计算、大数据、物联网等新兴技术助力下，图书馆功能已不仅仅是资源的收藏者和提供者，而是知识传播和信息交流的媒介者，图书馆融入互联网环境是时代发展的必然趋势，它将向移动、泛在、智能的方向发展，未来的"互联网+图书馆"将是一个集资源、学习、交流、服务和创新于一体的知识文化中心，也是一个泛在、智慧、绿色的公共文化服务主体。

"互联网+图书馆"是一种开放、包容的信息生态环境。它通过开放

---

[1] 徐岚. "互联网+"与图书馆 [M]. 成都: 电子科技大学出版社, 2018: 41.

[2] 周建芳. "互联网+"图书馆 [M]. 成都: 四川大学出版社, 2018: 59.

平台突破认知、时空、年龄、身份的边界限制，将图书馆、馆员、用户连接在一起，任何人都可以参与进来，既可以成为获取知识的求助者，也可以成为提供知识的服务者，彼此之间相互交流、分享和服务，充分发挥作为图书馆信息活动主体的作用。"互联网+图书馆"创建的是一个集大众智慧、大众协作于一体的创新服务环境，它为用户提供了一个比实体物理空间更广阔、开放和自由的共享空间，用户与用户之间可以自由参与和组合，在任何时候、任何地点和任何人进行对话、交流和互动，彼此交换意见，激发创作灵感，提升自主创新能力，这种自由协作关系因沟通渠道畅通、成本低、效率高而受用户喜爱，它具有灵活性、松散性和非正式性特点，不同背景的用户会根据自己的专业特长和兴趣爱好参与协作，提出自己的见解，使群体智慧得以体现，催生图书馆新的服务创新能力。

"互联网+图书馆"是一种更广泛而有效的服务新业态。图书馆相比"互联网+"与其他行业的契合度略显薄弱，它作为一项服务新业态正处于探讨和摸索阶段，电商行业的成功经验给图书馆提供了借鉴，图书馆只要紧跟国家政策和时代步伐，转变传统思维模式，打破旧的管理经验，重构过去的组织结构，改造升级新的服务功能，利用"互联网+"思维实现人与人、人与物、物与物的连接，在新的服务场景和服务模式中以用户体验为标准，尽可能利用线上线下结合、跨界融合、合作联盟等手段与各行各业建立连接，打破行业壁垒，将图书馆服务融入社会生活的方方面面，成为人类生产生活的得力助手，促进整个社会经济发展，推动人类文明进步。

（二）"互联网+图书馆"的特征

"互联网+"是指利用互联网的平台、信息通信技术把互联网和包括传统行业在内的各行各业结合起来，从而在新领域创造一种新生态。它的六大特征"跨界融合、创新驱动、重塑结构、尊重人性、开放生态、连接一切"诠释了"互联网+"的主要内涵。所谓跨界融合就是变革、开放、重塑，借助"互联网+"手段来改造自己，提高生产效率，实现转型升级，激发新活力；创新驱动就是自我变革，任何行业都可以利用互联网来改造自身，使自身变得更强大，并发挥主导性和重要性去激发、激活其他行业的能动性和创造性；重塑结构就是打破原有的社会、经济、关系、地缘、文化等结构，重构新的权利、关系、规则、对话和机制等，激化大众智慧，实现大众创业；尊重人性就是对人性最大限度的尊重、对用户体验的敬畏、对人的创造性的重视，以人为本，充分挖掘人的潜能，激发人的创造性；开放生态就是依靠创新、创意和创新驱动，优化内部生态，并与外部生态相融合，形成创新生态，从而创造出更大的社会价值；连接一切就是利用互联网联系所有事物，实现跨界连接、融合连接和创新连接。"互联网+"以它无所不在的本质特征影响着整个社会政治、经济、文化和生活，改变社会形态和人们的生产生活方式，在时代发展中起着不可替代的引领作用。

"互联网+图书馆"是图书馆基于自身特点并结合"互联网+"特征而形成的独特象征和标志。"互联网+图书馆"的主要特征是：空间再造、流程重构、资源共享、平台共建、智慧服务、跨界融合。把握好"互联网+图书馆"的特征可以全面认识图书馆在互联网时代下服务的重构和创新、功能的转型和升级、发展的动力和方向，打造图书馆服务的新业态，增强服务水平和提高服务效能。

1. 空间再造

互联网兴起后，人们更倾向于从网络中获取知识和信息，降低了对纸质文献的需求，也使图书馆作为社会知识中心的位置不再那么重要。面对这一时代变化，图书馆迫切需要转型，否则将被边缘化，失去其应有的社会功能和应用价值，而空间再造成为图书馆适应互联网发展必要的应对之策，是其变革传统、推动空间发展的重要举措。

图书馆拥有优质的建筑空间和硬件设施，在数字化、智能化和网络化已成为阅读常态化的情况下，针对用户阅读习惯和需求，对建筑空间和室内设计进行重构和改造可以拓展图书馆的服务范围，满足用户多元化、个性化的需求。建筑空间重构可以从建筑的开放化、可扩展化、兼顾化和绿色节能化等方面着手，将图书馆由传统严肃的知识殿堂转变成灵活互动的文化交流场所；将馆藏、阅览和借还等活动放在同一个大空间，可提升图书馆建筑空间的扩展性；将数字化后空置的馆藏空间改造成适合用户发挥创意的创客空间，可兼顾图书馆各项服务功能；将图书馆改造成节能、通透、环保、时尚的公共文化"第三空间"，能够对周边社区乃至整个城市形成强大的文化向心力和辐射力，提升区域文化品位[1]。此外，图书馆室内设计对提升图书馆空间功能也起着重要作用，以"用户为中心"的设计理念考虑用户的主观感受和阅读享受，在资源配备、区域划分、功能布局等方面更多以用户方便、实用和智能为标准，用户在图书馆可以随时了解馆藏信息分布、随地找到阅读资料和随意使用智能服务系统。图书馆空间再造将图书馆文献资源、数据资源、知识资源、人力资源等进行整合与开发，发挥了图书馆自身资源与服务优势，它将传统实体物理空间改造成多功能学习共享空间、知识交流空间和公共服务空间，让更多人无障碍地接触和获得信息，免费享受到公共文化服务，图书馆空间再造能够深化服务理念，拓展服务内容，提升服务水平。

不同性质的图书馆空间再造目标是不一样的，对于大学图书馆来说，针对的用户主要是在校师生员工，在空间再造中应更多考虑为用户创新创业提供合适的空间场所，即创客服务空间，就是让用户在创客空间里将自

---

[1] 吴明明, 刘华. 转型期学术图书馆的空间再造 [J]. 图书馆杂志, 2015, 34（7）: 32-36; 58.

己的创意、想法和计划变为实践，图书馆在设备、工具、人员和平台等方面提供相应支持和服务，让用户将理想变为现实，创造出新产品，这样可以协助学校培养出更多创新创业人才。对于公共图书馆来说，针对的用户主要是社会大众，用户的身份、年龄、职业及见识各不相同，情况复杂，在空间改造中更多考虑的是用户参与度和满意度，让用户爱上图书馆是空间再造的主要目标，为用户打造一个舒适、休闲、娱乐、放松身心、精神愉悦的"第三空间"是公共图书馆空间再造的未来方向。总之，空间再造是"互联网+图书馆"职能改变和功能转化的主要特征之一，是图书馆服务变革的关键所在。

2. 流程重构

传统图书馆主要是一个以文献收集、整理、存储、传播和管理为主的公益文化事业单位，其工作流程是围绕文献资源来开展，对其进行采访、分类、编目、典藏和流通服务，流程简单、重复而机械，被动而封闭，缺乏主动服务和开放意识。"互联网+"时代，用户信息获取方式、阅读行为习惯和自我服务意识都发生了很大变化，以"用户为中心"的图书馆流程重构被提上日程。所谓流程重构，既包含图书馆管理组织结构变革，又包含图书馆业务流程重组，组织结构变革必然引起业务流程重组，二者关系紧密，相互牵制，将图书馆服务推向一个新高度。

"互联网+图书馆"流程重构是图书馆适应时代发展的必然选择，它的管理组织结构模式主要包括矩阵式、流程型和网络型[1]。矩阵式组织结构是指将横纵两套系统交叉形成的复合组织结构，纵向是职能系统，横向是完成某项专门任务而组成的项目系统。它具有灵活、有效的特点，能够适应不断变化的外界要求，并有效提高图书馆的快速反应能力；打破图书

---

[1] 李雯, 陈有志, 郑章飞. "互联网+"时代高校图书馆组织结构变革研究 [J]. 图书馆, 2016 (11)：107-111.

馆单纯以职能划分部门的做法，使馆员既能从事日常服务工作，也能加入产品或项目小组工作，对提高图书馆应急防范能力和专业服务水平具有积极作用。流程型组织结构以快速响应用户需求为目标，通过业务流程搭建图书馆的运行秩序，管理者是核心服务中心，对服务过程进行全程监管，根据用户需要，跨部门、跨业务地快速组织、调配、解散服务团队，提高服务的灵活性和适应性。网络型组织结构是利用现代信息技术手段，以合同为制约，将中心组织业务以制造、分销、营销或其他经营活动进行分散处理，从而实现各方共赢的组织结构模式。它具有适应性和应变能力，能够实现职能上和环节上的重组，在短时间内实现对用户的敏捷响应，各节点能不受地点、时间限制而发挥各自的核心作用。以上三种管理组织结构模式是图书馆适应"互联网+"时代变革的主要体现，它也影响着图书馆业务流程的重组，打破了图书馆传统流程模式，矩阵式组织结构模式使图书馆业务部门能在完成分内工作的同时，跨部门完成某些重要任务，不同学科、不同专业、不同工种的馆员可以根据自身特长组成服务小组，为用户提供个性化帮助。流程型组织结构模式根据用户需要组成临时性核心服务中心，第一时间调动各个部门的服务团队，在短时间内为用户提供及时有效服务，这种高效率、快节奏的服务模式避免了服务的中断或滞后。网络型组织结构模式是"互联网+图书馆"通用服务模式，它彻底改变了图书馆所有的服务流程，通过现代信息技术手段在虚拟空间中实现对用户的服务，用户不必到馆，在任何时间、任何地点都可以利用手中的移动设备、阅读设备或通信工具接收到图书馆以及联盟合作单位提供的信息服务。

由此可见，互联网改变着图书馆的职能形态，也影响着图书馆业务流程的重新架构，用户参与图书馆管理与服务将成为图书馆流程中的重要环节，图书馆需要不断优化和调整业务流程，才能适应新环境和时代变革，图书馆流程重构将成为"互联网+图书馆"转型升级的重要环节，关系着图书馆变革的总体思路和整体构架，起着主导作用。

3. 资源共享

资源共享是基于互联网的信息分享，"互联网+图书馆"最显著的特征表现在信息资源的共同开发和利用，互联网改变了图书馆信息资源孤立建设的现状，打通了图书馆与图书馆、数据商、出版社及其他文化服务单位之间的联系通道，建立了互通互联、协调发展、合作共赢的信息资源建设与共享格局，信息资源共建共享拓展了图书馆信息资源服务空间、促进了社会资源优化配置、满足了用户多元化信息需求，从而推动图书馆信息资源建设向更宽领域和更深层次发展。

"互联网+图书馆"资源共建共享主要通过馆藏资源合理开发、跨界资源深度融合、免费资源有效整合等方面得以实现。馆藏资源合理开发是指图书馆利用现代信息技术加强对图书馆馆藏信息资源的存储、加工、处理和传递等，形成具有可操作性和可传播性的信息知识，并加以利用或推广，从而提高文献资源的利用率。跨界资源深度融合是图书馆发挥自身优势与行业相关者之间形成资源的共建共享，拓展图书馆资源利用渠道，构建图书馆资源共享服务生态圈，通过跨界来减少人力、物力和财力的成本投入，实现社会资源的公共利用。免费资源有效整合是建立在开放获取基础上的知识获取，互联网上有诸多可供用户免费查阅和获取的资源，但这些资源鱼目混珠、参差不齐，只有通过图书馆馆员的加工筛选、层层把关和有效整合，将无价值的资源剔除，提炼出精华资源来供用户使用，这样可以在一定程度上减少图书馆的经费支出，也可以提高图书馆的资源储备量。

总之，"互联网+图书馆"使图书馆资源共享变得更便捷、顺畅，它利用网络将不同区域、不同类型、不同性质的图书馆连接在一起，实现了馆馆相连、库库相连和人人相连的资源共享局面。随着"互联网+"开放理念的发展，图书馆资源共享将突破人为局限而变得更加开放、包容，用户可以通过资源共享来达到知识利用、交流和创新的目的，将资源变成知识，将知识变为实践，为社会创造出新价值。

4. 平台共建

"互联网+图书馆"最显著特征是搭建新一代信息资源共建共享平台，这些平台包括数据获取平台、用户借阅平台、资源共享平台、知识交流平台等，为图书馆和用户之间建立联系和智慧服务提供保障。平台共建是"互联网+图书馆"最根本的基础设施，它利用网络，将不同时间、不同空间的不同用户集聚在一起，通过互动交流和在线分享来实现图书馆与图书馆、图书馆与用户、用户与用户之间的信息传递。

平台共建不仅可以有效整合图书馆资源结构，而且可以激发图书馆服务创新活力，可以解决图书馆信息孤岛问题，信息资源得以高效利用、交换和共享，对构建图书馆共赢生态具有积极作用，即把图书馆建成一个读者学习交流、自由分享的平台，将图书馆的资源建设、宣传推广、自助借还、驱动采购等业务与用户联结起来，实现服务效益最大化，形成共赢的生态圈[1]。互联网时代，图书馆根据用户需求搭建的共享平台，相当于为用户提供了一个可供彼此交流和交际的公共空间，这些空间包括信息共享空间、知识共享空间和学习共享空间等，图书馆也由此找到了自身在互联网时代的角色定位，将作为媒介主体为用户提供获取知识与沟通的桥梁，激发用户的潜在能力和知识创新。

平台共建是"互联网+图书馆"必备的基础设施建设，它不能单靠一个图书馆努力，而是要依靠所有图书馆共同努力，只有聚集各方力量，才能建成科学合理的公共共享平台，在整体构建与联盟合作方面为平台共建

[1] 刘芳. "互联网+公共图书馆"：服务创新与转型发展[J]. 图书馆杂志，2016，35（8）：42-48.

提供必要条件，并利用国家政策来保障平台的健康运营和可持续发展。

5. 智慧服务

"互联网+图书馆=智慧服务"是图书馆立足于传统数字图书馆对物联网、云计算、大数据、移动互联网等新技术的运用，对图书馆服务与实践进行改造、转型与升级，使其向更开放、融合和创新的智慧图书馆转化。智慧服务是"互联网+图书馆"的主要表现形式，其服务水平和效率高低关系着"互联网+图书馆"的成败，从"以用户为中心、拓展服务空间、共享区域资源、知识共建共享及跨界融合创新"等方面来研究"互联网+图书馆"智慧服务策略，可以改善传统图书馆面临的发展困境，提升图书馆的社会地位，促进图书馆事业全面发展，开创图书馆智慧服务新时代。

通过对"互联网+图书馆"智慧服务进行全面、科学、合理的顶层设计，详细梳理其系统构建模式，并探讨其实施策略及营销方案，可以使"互联网+图书馆"向更人性化、智能化和科学化的智慧图书馆转化。智慧服务是图书馆利用网络和新技术来充分发挥图书馆资源优势的一种增值服务模式，它包括物的"智"（智能化、自动化、自学习、自组织、自适应化）和人的"慧"（人文化、变革力、创造性），二者协同融合发展[1]，将物与人完美互联，充分体现图书馆在"互联网+"时代的创新发展。因此，"互联网+图书馆"不仅强调智慧的服务，即为用户提供智慧数据服务、智慧信息服务和智慧知识服务，而且强调为智慧服务，即图书馆服务能够激发用户创新、创造能力，将知识转化为智慧，实现自身社会价值。以"智能、泛在、互联、便捷、高效"为特征的智慧服务是未来图书馆创新发展和可持续发展的主要方向，它的终极目标是将"互联网+图书馆"转型为"智慧图书馆"，让图书馆走出发展困境，找到新途径，重

---

[1] 陈如明. 知识、创新、智能与智慧的相互关系及智慧城市定义与内涵解析 [J]. 数字通信世界，2013（5）：12-17.

构新功能，重塑新价值。

可以说，智慧服务是连接"互联网+图书馆"与智慧图书馆的桥梁和纽带，"互联网+图书馆"是智慧图书馆发展的雏形，智慧图书馆是"互联网+图书馆"发展的高级阶段，"互联网+图书馆"要突破自身发展局限，必须以智慧服务为关键点，在运用新技术基础上，充分发挥人类的智慧，去思考和发现服务新理念、新思路和新方法，才能真正实现从"互联网+图书馆"到"智慧图书馆"的转变。

6. 跨界融合

跨界融合已是"互联网+"时代耳濡目染、众所周知的惯用名词，也是"互联网+图书馆"最典型特征之一，图书馆没有跨界，谈不上转型，更谈不上融合，只有利用"互联网+"实现跨界，才能知悉其他行业的发展规则，并将自身优势与其他行业有效联合，构建图书馆服务新功能、创新图书馆服务新形态、提升图书馆服务新水平，因此跨界融合将成为图书馆发展的必然趋势。

"互联网+图书馆"跨界融合是图书馆引进、整合、利用社会资源的重要方式，它依托互联网跨越学科、行业和区域限制，寻找新的服务融合点，在资源、平台、空间及服务等方面建立多方协作和互利共享。跨界将图书馆带出发展困境，融合为图书馆带来新的发展机遇，"互联网+思维"为图书馆跨界提供指导方向、"互联网+资源"为图书馆跨界提供内容支撑、"互联网+技术"为图书馆跨界提供实施渠道、"互联网+服务"为图书馆跨界提供合作基础，跨界融合的目的就是开启智慧和协同创新，创造出新的社会价值。目前，图书馆跨界融合的典型案例有图书馆与微信、图书馆与支付宝、图书馆与书店、图书馆与咖啡店等[1]，这些案例是

---

[1] 司姣姣. "互联网+"环境下图书馆跨界融合的实践与模式[J]. 图书情报工作, 2017, 61（20）：87-96.

图书馆成功跨界的最好见证，也是"互联网+图书馆"智慧服务的有效尝试，即图书馆通过跨界将智慧服务渗透到人们生活的各个角落，影响人们的思考方式，改变人们的行为习惯，并推动社会文明向前发展。

总之，"互联网+图书馆"跨界融合是图书馆变革的必经之路，是传统图书馆转型成功的主要标志，跨界的广度和融合的深度直接影响图书馆服务效益，图书馆可以借鉴商业跨界模式的成功经验，如"互联网+金融""互联网+农业""互联网+工业""互联网+教育"等来形成新的行业服务生态，实现图书馆的成功转型与升级。

四、"互联网+图书馆"的研究意义

"互联网+图书馆"是图书馆积极应对时代变革的必然选择，移动互联网技术的发展、用户行为习惯的改变、各行各业的跨界融合促使图书馆在管理模式、资源配置、服务方式及馆员素养等方面发生重要变革，如果图书馆不能通过"互联网+"实现自我转型和自我突破，必将面临生存挑战，图书馆利用"互联网+"可以开创新的服务能力和焕发新的活力生机，有了"互联网+图书馆"的服务模式，人们足不出户就可以浏览到图书馆的所有数字信息资源、借阅到任意一个图书馆的任何一本书、享受到畅通无阻的智慧图书馆服务。开放融合、创新服务是"互联网+图书馆"的服务宗旨；数据管理、情景感知、人工智能及虚拟现实是"互联网+图书馆"的服务技术；用户体验、平台共享、社会营销是"互联网+图书馆"的服务路径；智慧、和谐、融合是"互联网+图书馆"的服务方向。因此，"互联网+图书馆"构建意义在于：突破图书馆发展困境、整合图书馆公共资源、提升图书馆服务水平、重塑图书馆社会价值。

（一）突破图书馆发展困境

互联网时代，人们更趋于借助手机、电脑、移动设备等载体从网络中获取信息，通过百度、搜狐、Google等搜索引擎来快速获取信息咨询服务，用户的这种需求变化降低了图书馆资源利用率，也削弱了图书馆作为文献信息资源中心的社会地位，图书馆越来越被边缘化，面临着生存挑战。"互联网+"思维为图书馆带来了希望，让图书馆看到了曙光，促使图书馆从传统的被动式服务转向开放的主动式服务，图书馆从观念、管理、结构、技术、人员和服务等方面都将进行彻底变革，主动探究和积极应用"互联网+思维"来拓展多元化的服务渠道、利用"互联网+空间"来重构图书馆社会功能、利用"互联网+资源"来优化资源配置、利用"互联网+服务"来传播知识文化、利用"互联网+技术"来改变服务策略、利用"互联网+创新"来实现社会价值。"互联网+图书馆"通过虚实结合的服务，让图书馆不再局限在文献信息资源中心的范围，而是拓展为一个集资源、学习、知识和社交于一体的公共文化服务中心，让人们在图书馆能够感受到身心的放松、思想的交汇、知识的增长和交流的愉悦等。因此，"互联网+图书馆"可以突破图书馆发展困境，为用户营造一个更便捷、舒适、智能的阅读环境，用户在哪儿，图书馆服务就在哪儿。开放将成为图书馆的代名词，融合将汇集图书馆的集体智慧，创新将实现图书馆的新突破，智慧服务将是图书馆最终的落脚点。

（二）整合图书馆公共资源

"互联网+"时代，各行业之间交集越来越多，组织之间边界越来越模糊，跨界融合成为图书馆发展的必然趋势，这也使"互联网+图书馆"的资源整合将不再局限于某一家图书馆内部的资源重组，而是通过各种途径实现整个社会资源的集成、整合与共享。首先，基于"互联网+"的特色数据资源整合。图书馆自建特色数据库资源建设已有多年的数据积累，独具特色，是难能可贵的珍稀资源，由于受版权保护或稀有版本收藏影响，为用户获取与利用设置了种种屏障，致使其利用率不高，"互联网+图书馆"将打破图书馆特色数据库单打独斗、各自为政的建设局面，创建一个共建共享、用户参与、优势互补、合作共赢的特色数据资源公共库，取消图书馆对特色数据库的各种限制，让更多用户使用到特色资源，最大限度发挥特色数据库功能和作用，实现其利用价值。其次，基于"互联网+"的公共资源整合。图书馆携手与出版社、博物馆、档案馆、文化馆及政商界等进行跨界联合，将各自拥有的数据信息资源开放共享，共同打造一个基于互联网技术的公共文献信息资源平台，该平台不但可以汇集全国各种类型、各种性质、各种层次的图书馆信息资源，而且还可以容纳其他行业不同类型的公共资源，利用新媒体和新技术将各类数据资源整合在一起，统一标准和获取入口，通过网络来链接，实现海量资源的统一检索、开放获取和智能服务，让任何一个地方、任何一个用户在任何时候都可以通过该平台得到任何一家单位的信息资源服务，从而在全社会形成一个海量资源、海量用户、海量服务的共享局面。最后，基于"互联网+"的网络免费资源整合。互联网拥有不计其数和杂乱无章的免费信息资源，它使用户对信息唾手可得但又迷茫无措，图书馆若能将这些免费信息资源进行整合、评估和筛选，将有价值的免费信息资源推送给用户使用，不仅可以优化图书馆的资源结构，而且可以丰富图书馆的资源储备，这种低成本、高回报的资源整合方式将弥补图书馆资源匮乏的缺陷，成为"互联网+图书馆"资源整合未来发展的主要方向。此外，"互联网+图书馆"利用新媒体技术打造新型共享服务平台如微信、微博、博客等，也加速了图书馆资源的共建共享，通过共享平台，用户可以发表原创作品、摘抄名言警句或推荐经典美文等，代替图书馆馆员对文献信息资源进行整理、分类或发布，实现用户与用户之间信息传递或转借，让图书馆资源得到最大化利用。

（三）提升图书馆服务水平

"互联网+图书馆"带来点对点、点对面、面对面的信息交互模式改变了传统以图书馆为"中心"的单一服务模式，它更倾向于人人参与、共同服务的"去中心"化服务模式，任何用户都可以从图书馆提供的系统平台上获取阅读资源和得到知识服务，并将自己认可的阅读资料进行转借或推荐，让其他用户享受到相同服务；任何图书馆都可以向任何用户提供服务，而不像传统图书馆只负责本馆或本地用户服务；图书馆与图书馆也可以相互提供阅读服务，取长补短，相得益彰，这样可以在全社会形成"去中心"化智慧型阅读环境。"互联网+图书馆"的"去中心"化服务模式大大提升了图书馆服务水平，它突破了图书馆服务的时空限制，使图书馆服务范围更广、时间更长、手段更多、内容更丰富，每个人都可以参与图书馆日常管理或服务工作，成为图书馆的一员，利用互联网实现自我服务或向其他用户提供推荐服务；图书馆利用"互联网+服务"可以覆盖除本馆外的任何一个区域，扩大服务范围，实现公共资源均等化服务；还可利用"互联网+服务"为用户提供24小时开放式服务，方便用户在仼何闲暇时段都可以查询和利用图书馆信息资源；"互联网+服务"提供数字阅读服务已不需要纸质载体，省去了用户携带不便的烦恼，用户只需一部手机就可以访遍全国所有图书馆文献信息资源；"互联网+服务"还为用户提供多元化和个性化服务，用户可以通过关注、定制、收藏等手段将自己感兴趣的信息资料收入囊中，通过批注、评论、转发等发表自己的观点，还可以通过社交媒体实现与他人的交流和互动，提高自身阅读素养和文化修养。总之，"互联网+图书馆"已不再是图书馆单独的服务行为，而是图书馆与图书馆、图书馆与用户、用户与用户之间相互服务的集体行为，这和全社会互动、人人参与的服务行为将全面提升图书馆服务水平，使图书馆成为社会生活中不可或缺的组成部分。

（四）重塑图书馆社会价值

图书馆承载着人类文明精华，开启人类智慧和思想，以推动社会文化不断向前发展。在互联网时代，新技术的运用开拓了图书馆研究视野、激发了图书馆创新能力、重构了图书馆服务新体系，智慧服务成为未来图书馆的主要发展方向，图书馆的社会功能将得到进一步的提升，并彰显出新的时代价值。

首先，搭建了基于资源共享的社交媒介服务平台。"互联网+图书馆"依托云计算、大数据、移动互联和物联网技术等搭建起新一代信息服务平台，将分散在不同图书馆管理系统中的纸质、电子资源及网络资源等全部纳入统一的资源管理体系中，形成开放社交媒介服务平台，为知识交流与信息沟通提供了桥梁作用。任何一个图书馆都可以将本馆数字信息资源融入统一媒介平台中，实现资源共建共享；任何一个用户都可以通过图书馆的媒介服务获取知识和信息，并通过图书馆来传播知识和文化。"互联网+图书馆"已成为社会资源汇集大熔炉，能够融合一切优质信息资源，并拥有强大资源储备能力和搜索引擎能力，能够准确识别用户身份，精准定位用户需求特征，以最快、最简洁、最有效的方式推送信息查询结果。此外，图书馆除提供必备信息资源服务外，还需要保证平台正常运营，确保社交媒介服务平台的稳定性和常态化，使该项服务能持续下去，并不断体现图书馆服务的优越性。

其次，开辟了基于用户体验的公共文化服务空间。"互联网+图书馆"强调图书馆的主动服务，除为用户提供基于物理场景的实体空间服务外，还开辟了基于用户体验的虚拟空间服务，它将用户感知纳入服务范围，在分析用户的身份、特征、爱好、习惯及行为等基础上，利用情景感知技术探索图书馆智慧服务模式，通过用户地点感知、个性需求及互动交流来进行空间布局、资源建设和平台搭建，探寻实现用户体验优化的服务路径，最大程度地提升用户体验的满意度。用户通过智能化实体物理空间体验，可以获得感官上的享受、人机互动带来的惊喜和智能设备带来的便捷，改变对图书馆呆板枯燥的印象；通过智慧的虚拟空间体验，可以感受知识获取的便利、互动交流的愉悦和协同创新的凝聚力。因此，"互联网+图书馆"开辟公共文化服务空间不仅能够为用户带来认知、反思和感官上的体验，而且能为用户带来深层次的信息、知识和智慧服务，这是传统图书馆无法企及的。

再次，提升了基于线上线下的跨界融合服务功能。O2O模式是一种基于互联网等信息技术实现线上电子商务与线下实体经营相融合的业务模式[1]。近年来，"互联网+图书馆"利用O2O模式已成为服务常态，不仅极大地方便了用户，而且提升了图书跨界融合服务能力。例如：内蒙古自治区图书馆建设的"彩云服务"，是基于用户需求驱动的图书采购模式，通过线上线下相结合，整合图书馆和书店资源与服务，提供联合编目、资源共享、图书外借等一系列基于动态数据的云服务，实现了"你选书，我买单"的新型服务方式[2]；青岛的"青云图"，用户只需扫描二维码就可以享受到"青云图"提供的各项线上服务，通过快递可以得到纸质图书，而且用户在青岛的新华书城可以利用通借通还设备得到各项服务[3]；浙江图书馆是全国首家与支付宝建立合作服务关系的图书馆，为用户打造了随身携带、便捷使用的图书馆，用户通过支付宝窗口，可以快速获得一个二维

---

[1] 周建芳. "互联网+"图书馆 [M]. 成都：四川大学出版社，2018：32.

[2] 涂世文，金武刚. "互联网+图书馆"服务创新发展——《公共图书馆法》"线上线下相结合"要求研究 [J]. 图书馆，2018（7）：10-14；83.

[3] 司姣姣. "互联网+"环境下图书馆跨界融合的实践与模式 [J]. 图书情报工作，2017，61（20）：87-96.

码读者证，即可到图书馆借书或登录网上图书馆借阅[1]。由此可见，"互联网+图书馆"线上线下融合服务可以让用户随时、随地、随意接受图书馆的任何服务，真正实现了图书馆全方位服务，是图书馆在互联网时代创新模式，提升了图书馆整体服务功能。

最后，重构了基于智慧服务的图书馆发展新形态。将"互联网+图书馆"融入智慧服务思维、智慧服务环境、智慧服务管理、智慧服务方式和智慧服务生态中，构建起一个以用户为中心的图书馆智慧服务保障体系，为用户提供无所不在、无时不在的泛在化智慧服务，满足用户日益增长和不断变化的知识、文化和信息需要，为用户带来新的体验、感知和收获，提升用户驾驭知识、运用知识和创新知识的能力，进而实现知识管理和信息服务的增值，为社会创造出新价值。这是图书馆转型升级后形成的新形态，即智慧图书馆，它将数字化、网络化和智能化融为一体，将文献服务、信息服务、知识服务升级为智慧服务，开发人的智慧、陶冶人的情操、启迪人的心灵，为图书馆带来新的愿景和希望，为构建公益、平等、开放、便利的新型图书馆服务体系提供了有力支撑。

第二节　"互联网+图书馆"智慧服务的介绍

"互联网+"已成为引领时代变革和创新发展的新生态，如"互联网+零售=淘宝""互联网+金融=余额宝""互联网+交通=滴滴出行""互联网+医疗=腾讯挂号"等，改变着人们的生产生活方式，也推动着社会发展。智慧服务理念已成为图书馆创新服务过程中全新发展途径，探究"互

---

[1] 刘芳. "互联网+公共图书馆"：服务创新与转型发展[J]. 图书馆杂志，2016，35（8）：42-48.

联网+图书馆=智慧服务"模式已成为图情界亟待思考的问题，它将成为未来图书馆创新发展和可持续发展的主要方向，智慧图书馆是它发展的高级阶段，已达到智能"物"与智慧"人"的完美结合，可以说，"互联网+图书馆"是智慧图书馆的雏形，智慧服务是连接"互联网+图书馆"与智慧图书馆的桥梁和纽带，智慧图书馆是"互联网+图书馆"智慧服务的高级形态。研究"互联网+图书馆"智慧服务离不开对智慧图书馆的探讨，智慧图书馆既是图情界近年来研究的热点问题，也是图书馆实践工作的重心，它与"互联网+图书馆"智慧服务有着千丝万缕的联系，厘清二者关系，对促进"互联网+图书馆"发展具有积极作用，也对图书馆的未来前景具有引领作用。

"互联网+图书馆"智慧服务是利用网络和新技术来充分发挥图书馆资源优势的一种增值服务模式，它是图书馆继文献服务、信息服务、知识服务之后，提供的一种更人性化、智慧化的服务，其本质是调动一切资源和技术来辅助和激发用户进行知识创造、产生智慧的过程[1]，即"转知成慧"的过程，用户通过图书馆服务，将自身隐性知识转化为显性的理性智慧、价值智慧和实践智慧以及智慧产品等，从而创造出新的社会价值，实现知识增值。对图书馆而言，智慧服务是图书馆由数字图书馆转化为"互联网+图书馆"，再由"互联网+图书馆"转化为智慧图书馆必不可少的关键要素，是图书馆转型升级的重要标志。智慧服务质量的优劣、智慧服务水平的高低和智慧服务效果的好坏直接关系到图书馆转型升级的成败。实现以人为本、智能感知、情景交融、知识发现及智慧创新等服务，是智慧服务的主要表现形式，也是"互联网+图书馆"向智慧图书馆发展的关键所在。因此，研究"互联网+图书馆"智慧服务具有时代价值和现实意

---

[1] 李校红. 公共图书馆智慧服务研究: 关键要素、实现路径及实践模式 [J]. 情报资料工作, 2019, 40 (2): 95-99.

义，它有利于图书馆思维模式转变、资源结构调整、服务手段优化和价值功能提升，它是图书馆在互联网时代转型升级的必然选择，也是图书馆突破自身发展困境的重要途径，构建人性化、智能化和科学化的智慧图书馆是它成功转型升级后的主导模式和最高形式，也是"互联网+图书馆"智慧服务发展的目标和落脚点。

一、"互联网+图书馆"智慧服务的研究现状

"互联网+图书馆"已不是一个陌生概念，作为图情界研究的热点已在前文介绍过，根据已往研究成果，可以看出"互联网+图书馆"研究的重心和不足，我们应找出专题研究重点，弥补研究不足，为"互联网+图书馆"的发展找到出路和方向。

近年来，有关"互联网+图书馆"的研究重心主要表现在以下几个方面。

一是对概念解读的研究。张兴旺（2015）等认为"互联网+图书馆"是在一套科学、明确、合理的设计纲领指导和协调下，在一套系统、科学的功能体系和保障体系支持下多层次、多区域、多类型图书馆管理与服务层面的系统性升级，以及这些体系间相互协作创新所得到的阶段性创新成果集合；陈群（2017）提出"互联网+图书馆"是将互联网创新成果深度融合于图书馆领域，提升图书馆服务质量和创新能力，从而形成一种更广泛而有效的服务新形态；徐岚（2018）提出"互联网+图书馆"本质是互联网与图书馆进行跨界连接，形成融合创新，以构建起一种新型图书馆管理和服务模式，进而形成图书馆发展新形态。

二是对平台构建的研究。张雪梅（2015）提出对"互联网+图书馆"服务新平台架构、通道、政府保障的基本设想；贾西兰（2016）等提出下

一代图书馆服务平台作为一种软件基础设施对"互联网+图书馆"的支撑作用，分析其应有的基本特征，并探讨其建设理念、途径、需注意的问题等；朱鹏威（2018）对"互联网+图书馆"视域下高校学科服务平台进行了重新定义并提出了建设原则，然后从平台的功能和结构设计入手，提出了功能结构建设方案。

三是对技术应用的研究。杨国栋（2017）分析"互联网+"时代智慧图书馆信息技术利用中存在的问题，并提出了"互联网+"时代智慧图书馆信息技术利用的策略；叶文伟（2018）提出"互联网+"背景下图书馆共享信息资源的构建模型及其技术架构，并深入阐释其特点与优越性；张晓东（2018）等认为计算机技术、互联网技术、云计算技术、大数据技术、移动互联网技术、物联网技术等的运用，为图书馆智慧服务模式发展提供强大的技术支持。

四是对资源融合的研究。贾凤旭（2016）探讨了"互联网+"信息资源服务的创新发展模式，实现信息资源的"互联超市"、知识碎片化的"微系统"和基于社交网络的信息服务等；王霞（2018）从重构采购模式、推进数字出版等方面提出了"互联网+"环境下优化图书馆文献资源建设模式的对策。

五是对转型发展的研究。韩翠峰（2015）认为在"互联网+"环境下图书馆将向创业创新支撑空间、融合型图书馆、数据管理中心方向转型；刘芳（2016）提出了重塑思维、培养人才、跨界融合、顶层设计等"互联网+公共图书馆"转型发展策略；豆洪青（2017）等提出空间场景的个性化服务、传统借阅业务的流程优化、虚实结合的线上线下融合服务等是"互联网+图书馆"服务进一步的发展趋势；刘城（2018）等重点研究"互联网+"背景下图书馆发展创新，从资源建设、服务创新、信息素养教育、图书馆受赠四个方面分析图书馆具体业务与互联网之间的融合创新。

综上所述，"互联网+图书馆"研究已呈现出内容丰富、角度新颖、专题深入的特点，已达到了一定高度。但研究中存在相关论文发展较快、较成熟，而相关专著的发展较欠缺的情况，而且这些研究中包含以下四个方面的缺陷。

第一，理论研究大于实证研究。由于"互联网+图书馆"专题研究起点晚，实践应用还不成熟，这给研究者造成一定的思考局限，总体研究趋于理论探讨，对实践应用分析较少。

第二，"互联网+图书馆"智慧服务研究较肤浅。大部分论著研究落脚点都在如何应对"互联网+"给图书馆带来的挑战，并提出应对之策，而对"互联网+图书馆"智慧服务研究比较浅显，对智慧服务的实施策略几乎没有涉及。

第三，缺乏对"互联网+图书馆"与智慧图书馆关系探究。通过文献研读，可以发现"互联网+图书馆"与智慧图书馆之间存在千丝万缕的联系，它们在时代背景、性质特征、技术基础、服务手段、发展目标等方面都具有高度的相似性，是图书馆在互联网时代突破困境、力求变革的新探索。但是，以往研究缺乏对二者关系的探讨，将二者作为两个独立的概念分不同专题在研究，就如两条没有汇合点的平行线一样，始终处于平行研究状态，而"互联网+图书馆"智慧服务研究则突破了以往的研究缺陷，将"互联网+图书馆"与智慧图书馆联系起来进行研究，开创了专题研究先河，将专题研究引向了一个新方向，智慧服务则是连接二者的桥梁和中介，也是联系二者研究的关键点，将似乎不搭边的两个专题研究热点汇集于一体，呈现出新的研究特色，为新专题研究找到了思路和突破口，为互联网时代图书馆研究注入了新的活力和生机。

第四，"互联网+图书馆"的成功案例，还没成为智慧服务研究的论据。近年来，随着全国各地图书馆对"互联网+"的有效尝试及成功实践，"互联网+图书馆"发展模式日趋成熟，许多关于共享阅读、跨界融合和智慧服务的案例不断涌现，这为进一步探讨智慧服务研究提供了论证材料。

通过以上对"互联网+图书馆"智慧服务研究状况的分析，可以看出"互联网+图书馆"智慧服务是图情界研究的一个重要方面，还没引起业界足够重视，不过关于对图书馆智慧服务的研究却一直在进行，只是基本都立足于传统图书馆或数字图书馆，而且研究过程大部分都与智慧图书馆相结合，很少涉及"互联网+图书馆"。关于这方面，我们可以通过相关论著来进行解读。

梁光德（2011）从决策支持、科学研究、产品研发三个方面论述了智慧服务的内容和形式[1]；袁红军（2017）将图书馆智慧服务的内容分为智能性、知识性和人文性三个层次，认为图书馆智慧服务是以信息技术为基础和前提的，馆员运用智慧，以用户为核心，实施跨界智能、知识、人文的融合，提出人性化管理、生态发展、方便用户的服务方式[2]；苏云（2018）基于人工智能技术和大数据技术双驱动下为图书馆智慧服务提出了设计框架，即基础设施层、数据资源层、技术处理层和服务应用层[3]。另外，段美珍、初景利（2019）将近年来有关图书馆智慧服务的研究分为三类：一是图书馆智慧服务是基于图书馆信息资源和馆员智慧，在深度挖掘了解用户需求的基础上，为其提供的知识服务或者创造性服务；二是图书馆智慧服务是建立在知识服务基础上的，是个体将现有的隐性知识和显性知识转化为自身的理性智慧、价值智慧、实践智慧以及智慧产品的过

[1] 梁光德. 智慧服务——知识经济时代图书馆服务新理念 [J]. 图书馆学研究, 2011 (11)：88-92.
[2] 袁红军. 图书馆智慧服务模式探析 [J]. 新世纪图书馆, 2017 (3)：22-25.
[3] 苏云. 大数据与人工智能双驱动的图书馆智慧服务研究 [J]. 图书与情报, 2018 (5)：103-106.

程；三是没有对智慧服务进行明确的界定，认为智慧服务就是智慧图书馆通过开展其业务为用户提供的服务[1]。

由此可见，学者一直在关注和研究图书馆智慧服务，并将它作为图书馆第四阶段服务给予重视，而且提出了许多精辟见解，为智慧服务的实施提供了参考。"互联网+图书馆"是比传统图书馆和数字图书馆发展得更高层次的图书馆服务形态，它作为互联网发展到一定阶段的产物，与智慧服务有更高的契合度，将"互联网+图书馆"与智慧服务结合起来研究，是图书馆适应时代发展的必然趋势，实现了与智慧图书馆研究的无缝对接，而且"互联网+图书馆"智慧服务更具有操作性和普遍性，更适合用户亲身体验和情景感知。可以说，"互联网+图书馆"智慧服务为智慧图书馆奠定了一定的理论和实践基础。随着人工智能和5G技术的发展，智能互联网将成为未来图书馆服务整体跃升的基础条件，有利于促进图书馆智慧创新服务。

二、"互联网+图书馆"智慧服务的内涵与特征

"互联网+图书馆"智慧服务源于对文献服务、信息服务和知识服务的思考。传统图书馆是以纸本文献服务为基础，以图书馆实物建筑为工作场所，为用户提供纸质图书、期刊、报纸及手稿等纸质文献服务，服务手段单一、机械而重复，这时图书馆提供的是文献服务；随着计算机信息技术的发展，数字图书馆开始诞生，图书馆开始采用纸电混合服务方式，为用户提供纸质文献及电子资源服务，用户根据自己喜好借阅相关文献资料，图书馆可以通过电话、邮件、短信及面对面完成服务，这时图书馆提

---

[1] 段美珍, 初景利. 国内外智慧图书馆研究述评 [J]. 图书馆论坛, 2019, 39 (11)：104-112.

供的是信息服务；随着移动互联网技术的发展，用户阅读方式开始发生改变，他们更多是通过便捷的网络访问来阅读或获取信息，这使图书馆面临被边缘化的危机。但是面对杂乱无章的网络信息，图书馆通过知识服务来化解生存危机，让自身发展取得了新突破，这时图书馆提供的是知识服务；随着大数据、云计算、物联网、人工智能、5G技术、新媒体及RFID（射频识别）等新兴技术的发展，图书馆知识服务已不能满足用户的个性化需求，以用户的智慧生成过程为中心，致力于培育用户驾驭知识、运用知识和创新知识的能力，进而实现智慧创造[1]，成为图书馆的服务重心，这时图书馆提供的是智慧服务，这是图书馆对之前所有服务的一种超越，是图书馆服务的高级阶段。

（一）"互联网+图书馆"智慧服务的基本内涵

近年来，随着"智慧"概念的走高，如"智慧地球""智慧城市""智慧社区"等概念不断被提出来，图书馆作为社会公共文化服务机构的重要组成部分，智慧服务必然被业界当成热门话题重视起来。"互联网+"赋予智慧服务更多内涵和特征，并为智慧服务提供更多思路和条件，基于"互联网+图书馆"智慧服务已不单纯依靠网络、移动及智能等硬技术智慧，而是转向更深层次的凝聚、分享和创造人文智慧。

图书馆"智慧服务"理念是随着互联网及信息技术的发展而产生的，它是图书馆从文献服务、信息服务、知识服务之后的升华。从文献中可以看出智慧服务已成为业界学者所关注的重点，并得到不断的完善和升华。梁光德（2011）认为智慧服务是以知识运用能力为核心，以知识创造为本质，以知识团队为服务对象的一种服务，从知识服务角度对智慧服务进行论证；乌恩（2012）认为智慧图书馆的服务模式应该是基于图书馆馆员智

---

[1]　乌恩.智慧图书馆及其服务模式的构建［J］.情报资料工作，2012（5）：102-104.

慧的知识服务，是基于信息资源的深度知识挖掘和具有用户需求分析功能的专家式系统服务；王杉（2013）认为图书馆和图书馆馆员的人文智慧，才是最恰当的、最值得倡导的图书馆智慧服务；陈臣（2014）认为图书馆应基于读者行为的大数据分析来构建图书馆个性化智慧服务体系；陈远、许亮（2015）认为智慧服务有两层含义：智慧的服务与为智慧而服务；宫昭（2017）认为图书馆智慧服务，其本质是基于图书馆馆员的智慧和运用智能化设备来进行知识服务，是基于信息资源深度挖掘和分析，以及对用户需求分析的面向用户的定向知识服务；李校红（2019）认为图书馆"智慧服务"的本质应是调动一切资源和技术来辅助和激发用户进行知识创造、产生智慧的过程。由此可见，近年来学者从不同角度对图书馆智慧服务的含义进行了探讨，虽然观点各异，但可以看出智慧服务围绕三个方面在研究：一是图书馆和图书馆馆员利用图书馆资源、设备、知识及技术为用户提供多元化服务；二是服务过程始终围绕用户特征和需求为中心，解决用户实际困难和问题；三是服务以激发用户知识创造和价值增值为目标，促使用户"转知成慧"。

通过对以上文献的解读，可以将智慧服务理解为个人或组织运用智慧为其他人或组织提供的服务。智慧既是服务的工具，也是服务的内容，更是服务的目的[1]。结合"互联网+图书馆"的概念，可以认为"互联网+图书馆"智慧服务是图书馆或图书馆馆员利用物联网、云计算、大数据、人工智能、新媒体及RFID等新技术为用户提供智能、泛在、互联、便捷、高效的人性化服务，从而帮助用户在知识应用过程中创造新知识、解决新问题，提升用户智慧应用水平，为社会创造新价值。它不仅包括图书馆运用物理场馆、智能设备及网络技术等为用户提供服务的能力，而且包括图

---

[1] 百度百科. 智慧[DB/OL]. https://baike.baidu.com/item/%E6%99%BA%E6%85%A7/129438?fr=aladdin.

书馆馆员运用智慧来辅助或提升用户运用和创新知识的能力，是图书馆客观物化与图书馆馆员主观能动相结合的服务过程，实现人与人、人与物、物与物的互通互联和完美融合，有利于用户协同创新和知识增值，这和智慧图书馆服务目标一致。因此，智慧服务是连接"互联网+图书馆"与智慧图书馆的桥梁和纽带，它是"互联网+图书馆"转型的必备条件，也是"互联网+图书馆"升级为智慧图书馆的必要手段。

（二）"互联网+图书馆"智慧服务的主要特征

"互联网+图书馆"智慧服务要解决"为谁服务？""怎样服务？""为什么服务？"等问题，才能将服务对象、方式、内容、目标定位得更精确，彰显出自身的服务特色。结合"互联网+图书馆"的空间再造、流程重构、资源共享、平台共建、智慧服务和跨界融合六大基本特征，可以将"互联网+图书馆"智慧服务的特征概括为：服务理念人性化、服务空间智能化、服务平台共享化、服务内容知识化、服务类型多元化、服务效益最大化。这些特征不仅体现了"互联网+图书馆"智慧服务的本质特性，而且表达了"互联网+图书馆"智慧服务所要达到的最终目标，有利于促进"互联网+图书馆"的转型与升级，也利于"知识共享性、服务高效性、使用便利性和协作创新性"的智慧图书馆得以实现。

1. 服务理念人性化

"互联网+图书馆"智慧服务已改变了传统图书馆以资源为中心的封闭式被动服务模式，它强调以用户需求为中心的开放式主动服务模式，坚持以人为本、用户至上的服务理念，以满足人的需求、实现人的价值、追求人的发展为目标，充分体现图书馆人性化的服务理念，它主要表现为宏观和微观两个方面。在宏观上"互联网+图书馆"智慧服务实现了资源的共建共享，服务的互通互融，为用户提供全天候、全方位、多元化和开放式的服务，以提升用户知识应用水平、解决用户实际问题、开发用户智慧潜能为根本，满足用户知识获取和人文智慧需要；在微观上"互联网+图书馆"智慧服务以用户体验和感受为基础、以用户需求为导向，为用户提供个性化的服务，图书馆通过智能设备或技术对用户情景数据（如时间、地点、查询、浏览、借阅等）进行采集，并对用户行为（如兴趣、习惯、动机、目的等）进行大数据分析，掌握用户的基本特征，挖掘用户的深层需求，通过用户画像建立用户档案，根据用户需求特征提供个性化的精准推送服务，让用户接收到感知有用性和感知易用性的文献信息资源，提升用户自身感受的体验，促进用户协作创新的需要。"互联网+图书馆"智慧服务能够利用新技术围绕用户需求进行智能感知、深度挖掘、即时推送、互动交流和反馈协助等服务，可以充分起到"以人为本"的服务效果，但图书馆馆员能够精准识别用户需求，为用户提供智慧推荐、智慧检索、智慧分析、智慧交互和智慧决策等智慧型知识服务[1]，才是真正图书馆人文智慧的体现。因此，"互联网+图书馆"智慧服务不仅体现在人性化的智能技术服务手段上，而且体现在个性化的人文智慧服务方式上，只有充分将智能的"物"与智慧的"人"结合起来，才能达到人性化服务的目的。

2. 服务空间智能化

空间再造是"互联网+图书馆"的主要特征之一，打造智能、立体、节能的线下物理空间和泛在、互动、便捷的线上虚拟空间是"互联网+图书馆"智慧服务的主要特征，将线上线下两大空间融合起来改造则更能体现其智慧性。图书馆通过RFID技术的应用，可以实现馆藏管理系统的自动化管理，节约人力资源成本，提高服务效率；借助物联网技术，可以实现水控、光控、温控及安保系统的智能楼宇管理；利用无线传感技术，可

---

[1] 曹树金，刘慧云.以读者为中心的智慧图书馆研究[J].图书情报工作，2019，63（1）：23-29.

以实现环境参数的实时监测和室内设备的自动控制；通过运用VR（虚拟现实）、AR（增强现实）、MR（混合现实）、三维漫游、多点触控、大屏展示等技术，构建智慧展厅来展示馆内的资源内容，为用户提供"场景式"展示，让用户感知体验效果、获取参与感与临场感，这是"互联网+图书馆"智慧物理空间的服务创新[1]。 "互联网+图书馆"智慧虚拟空间凝结着用户与空间的互动，也是以用户体验为中心，既强调空间对用户身份、爱好、行为、习惯等的存储记忆，又强调空间与用户的互动交流，用户只需通过简单的行为方式，如动动手、说说话，就可以满足自身需要。因此，创建高度感知、互联和智能的信息共享空间、学习交流空间和知识服务空间是"互联网+图书馆"智慧空间服务的主要目标，它拓展了图书馆的空间范畴，形成真正以用户为中心的服务模式，实现了图书馆空间系统的自我优化，顺应了时代潮流，有利于新时代图书馆的转型与升级[2]。

3. 服务内容知识化

"互联网+图书馆"智慧知识服务是以用户知识需求为向导，利用智能网络技术动态地搜寻、组织、重组、分析、整合、输出、创新知识产品，为用户提供能够支持知识应用与知识创新的智慧服务。数字内容资源是智慧知识服务的基础，对数字内容进行选取、组织、分析、重组，形成集成化的知识产品，以用户个性化、专业化需求为目标，利用物联网、云计算及人工智能等新兴技术将知识产品融入用户决策过程和用户信息活动中，实现用户知识创新和知识增值，并推动传统知识向数字内容产业化方向发展，促进数字内容的快速传播与再生，从而产生数字经济效益。建立知识服务平台是促进数字内容资源发展最直接的方式，目前一些基于"互

[1] 李校红. 公共图书馆智慧服务研究：关键要素、实现路径及实践模式［J］. 情报资料工作, 2019, 40（2）：95-99.
[2] 单轸, 邵波. 图书馆智慧空间：内涵、要素、价值［J］. 图书馆学研究, 2018（11）：2-8.

联网+"的图书和期刊数字资源平台已初见成效，如方正、超星、中文在线等图书数字资源平台，以及中国知网、维普、同方、龙源等期刊数字资源平台经过多年建设与积累，已形成规模效应，不但拥有较成熟的运营团队，而且已拥有较稳定的需求市场。随着数字经济的发展，数字出版已成为知识服务未来的发展方向，这种环保、高效、动态的出版方式更适应互联网时代知识经济的发展，为知识服务效益提供了更多发展空间。因此，建立国家层面的知识服务平台与知识资源服务中心，形成以国家平台为枢纽、行业平台为支撑，覆盖国民经济主要领域，分布合理、互联互通的国家知识服务体系，为生产生活提供精准、高水平的知识服务，提高我国知识资源的生产与供给能力，这些既是"互联网+图书馆"智慧知识服务的总体要求，也是"互联网+图书馆"在服务社会、造福人类中承担的应有责任[1]。

4. 服务类型多元化

互联网时代，用户需求变化必然要求图书馆提供多元化的服务，以资源为中心的传统服务理念已过时，"互联网+图书馆"以用户为中心提供数字、移动、虚拟、互动的智慧服务更适应时代发展需要。图书馆可以根据用户特征提供虚拟画像服务，根据用户行为提供模拟现实引导服务，根据用户喜好提供适时推荐服务，以及和根据用户需求提供个性化服务等。图书馆服务已不限于线下物理空间范围，更多考虑将服务延伸到线上虚拟空间范围，通过运用新兴技术，为用户提供情景感知服务、模拟现实服务、精准识别服务和个性定制服务，用户不用亲自到馆，只需一部智能手机，就能浏览到馆藏资源、查询到借阅信息、阅读到经典文献、收看到专题讲座和定制到兴趣主题等，"互联网+图书馆"智慧服务以开放、主

---

[1] 冯宏声. 内容产业的合与分: 知识服务的多元化未来 [J]. 出版广角, 2018 (7): 6-8.

动、智能、亲和的方式贴近用户实际，满足用户需求，以追求用户服务效果满意化为终极目标。

5. 服务效益最大化

服务效益指服务的成效与收益，"互联网+图书馆"智慧服务可以使图书馆获得最大效益：一方面，互联网的互联互通使资源的共建共享变得容易，只要图书馆界开放思想、联盟合作，就可以建立一个以全网为基础的公共文献利用和保障系统，为全社会公民提供免费服务，任何一个地方、任何一个公民都可以享有利用图书馆公共资源的权利，资源服务已不是一个图书馆的任务，而是所有图书馆的任务，图书馆服务已由单一走向了联合，资源大融合与联盟服务成为图书馆发展常态；另一方面，互联网使用的便捷性使信息的传播流通变得简单易行，移动互联网技术的发达，使图书馆的任何一个用户都可能成为信息传递和知识传播者，只要遵守图书馆的相关规定及各项规章制度，维护文明健康的网络公共环境，他就可以将图书馆的知识资源向其他用户进行推荐与共享，无形中充当图书馆宣传和推广人员，而网络传播的敏捷性与爆炸性，将使知识传播呈几何倍数增长，并在传播中创造出新价值和知识增长点，使图书馆资源利用得到最大化发展，也获得最大化收益。因此，"互联网+图书馆"智慧服务所追求的最大化效益就是利用互联网来实现资源利用最大化，以及知识增值最大化，这是图书馆服务社会的最高价值取向。

三、"互联网+图书馆"智慧服务的研究意义

（一）突破传统图书馆发展困境

当今世界，移动互联技术的发展改变了人们的阅读方式，也使图书馆作为信息中心的社会地位逐渐弱化，图书馆面临被边缘化的困境，图书、

期刊、报纸、工具书等纸质文献资源借阅率逐年下降，馆藏资源的利用率也呈低水平状态，迫使图书馆不得不降低纸质文献资料采购经费，以满足采购资金的优化配置。而相比传统纸质文献，数字资源利用率却呈直线上升趋势，用户更倾向于利用手中便利的手机、iPad、电子阅读器等工具进行电子查询和数字阅读，为满足用户对数字资源的需要，图书馆每年花费大量经费采购电子图书和各类数据库，但除了期刊网、读秀等电子资源利用率相对较高，其他数据资源利用率并不高，这其中原因除宣传推广不足外，由于专业数据库只满足小众用户的需求，使投入与产出存在明显差距，造成资源的浪费和服务效率低下。此外，互联网包罗万象，信息资源丰富，用户更愿意通过网络搜索引擎去查询自己想要的知识和信息，而不想通过图书馆烦琐的借阅程序来获取信息资源，这使图书馆的存在感越来越低，面对这一系列困境，图书馆迫切需要找到新出路。

"互联网+图书馆"智慧服务是图书馆依托互联网、大数据、云计算、物联网等新兴技术，辅以图书馆"人"的智慧（如智慧数字、智慧信息、智慧知识等），对图书馆传统服务理念、组织结构、空间功能、服务方式及功能模式进行彻底改革和升级的创新服务模式，它源于传统图书馆，比传统图书馆更具人性化，融入更多图书馆馆员和用户的智慧，在"以人为本"理念指导下，借助现代智能工具和新兴技术，以最便捷的方式挖掘丰富的资源、以最快的速度传播知识的力量，以最大的限度开发人的潜能，承担起图书馆作为社会公共文化主体的职责。因此，"互联网+图书馆"智慧服务突破了传统图书馆的发展困境，它不再局限于提供狭隘的信息资源服务，而是更多地为用户提供解决方案、决策支持、知识增值及价值创新等帮助，而且智慧服务具有主动性、灵活性和复杂性，与只有将"互联网+图书馆"与智慧服务有效结合，才能为传统图书馆走出发展困境提供有效的解决途径。

（二）开启数字图书馆发展思路

数字图书馆是以数字化信息资源为基础的图书馆，它包括两个范畴，一是将传统图书馆纸质图书转化为电子图书，二是电子版图书的存储、交换、流通[1]。它解决了资源增长带来的空间存储压力，也使图书资源便于查询和流通，满足用户随时随地访问馆藏资源的需求。但随着信息技术的发展，数字图书馆资源重复建设、采购资金短缺、封闭僵化服务等问题不断凸显，"互联网+图书馆"智慧服务为数字图书馆开启了新的发展思路，利用"互联网+"思维来发展数字图书馆，将互联网与数字图书馆深度融合，可以达到以下效果：一是降低数字图书馆建设成本，通过互联网开放连接，既可以实现数字图书馆之间资源的共建共享，又可以获取网上免费资源来充实馆藏资源，从而避免重复采购，降低资源建设成本；二是泛在智慧服务激发数字图书馆活力，泛在智慧服务实现了人人相连、书书相连、书人相连、库库相连、网网相连的深入协同共享[2]，构成了一个闭环式服务架构，打破了传统数字图书馆封闭孤立的局面，激发了服务活力，使数字图书馆更具有主动性和能动性；三是提升数字图书馆服务效益，互联网将单个分散的数字图书馆聚合在一起，统一标准和检索入口，实现资源相通、服务相连，为用户提供数字资源异地利用和远程访问，这种以用户需求为响应机制的智慧服务模式，解决了传统数字图书馆资源配置与用户需求脱节的矛盾，避免了闲置资源的浪费，为数字图书馆开辟了服务路径、扩大了服务范围和提升了服务效益。

（三）拓展融合图书馆发展路径

融合图书馆是一个将智慧的真实世界和虚拟的数字世界融为一体的图书馆，它具有融合化、互动化、可视化、泛在化和智能化等特点，是新一

---

[1]   360百科. 数字图书馆［DB/OL］. https://baike. so. com/doc/5407202-5645108. html.

[2]   陈远，许亮. 面向用户泛在智慧服务的智慧图书馆构建［J］. 图书馆杂志，2015, 34（8）：4-9.

轮科技革命环境下图书馆的创新探索[1]。"互联网+图书馆"进行交叉、融合、跨界的智慧服务与融合图书馆的发展理念相一致，它将图书馆引向更深层的变革，并实现自身创新发展。"互联网+图书馆"智慧服务包含技术、管理、知识服务及人文智慧，拓展了融合图书馆的发展路径：在技术上，融合图书馆将以先进技术和智能设备为基础，利用互联网技术对图书馆服务进行改造，使其向多样化用户推送情景化、智能化和个性化的知识服务；在管理上，融合图书馆应向用户思维转变，围绕用户需求来实现扁平化管理，提高图书馆各部门联动互助和应急处理能力；在知识服务上，为知识创新主体提供主动式、推送式、预测式的智慧服务，在服务平台、服务方式、服务内容及服务关系上下功夫，形成一个完整的服务生态链；在人文智慧上，人文素养和人文精神是融合图书馆发展的关键因素，倡导"以人为本"服务理念让图书馆认清发展方向，并在正确道路上走得更远。总之，"互联网+图书馆"智慧服务与融合图书馆作为互联网时代图书馆发展的创新模式，在许多方面都相通相融，是图书馆发展到一定阶段的产物，为未来图书馆发展奠定了基础。

（四）实现智慧图书馆发展目标

智慧图书馆是未来图书馆发展的新模式，是图书馆实现科学发展、转型发展和可持续发展的新理念和新实践[2]，"互联网+图书馆"智慧服务是图书馆迈向智慧图书馆的必经之路，它为智慧图书馆的实现提供基础和创造条件。"互联网+图书馆"与智慧图书馆有许多相似之处，但在某些方面也存在差异，对二者进行比较，可以为智慧图书馆的发展找准目标。首先，服务理念相同，二者都以满足用户需求为根本，围绕用户需求变化提供个性化、智能化和专业化的服务，以提升用户服务效果满意度为标准，

---

[1] 王世伟. 融合图书馆初探 [J]. 图书与情报, 2016 (1)：54-61.

[2] 王世伟. 未来图书馆的新模式——智慧图书馆 [J]. 图书馆建设, 2011 (12)：1-5.

让用户在最短的时间里、以最便捷的方式获得最满意的文献信息资料，为用户带来美好的体验，激发他们的创作热情；其次，技术基础相同，二者都以物联网、云计算、大数据、移动互联、人工智能、新媒体及RFID等新兴技术来架构服务框架，没有这些新技术支撑就谈不上创新模式，更谈不上创新服务，正是有了这些新技术的发展，才为图书馆发展增添了双翼，使其发展得更快更稳；再次，服务本质相同，二者都有效支持用户的知识应用和知识创新，构建智能、泛在、安全的信息生态环境，为用户知识增值与创造提供保障，使其能将知识转化为生产力，促进社会发展；最后，服务层次存在差异，"互联网+图书馆"更趋向于利用互联网新兴技术为用户提供更现实的知识应用服务，提升用户解决困难的能力和知识应用的水平，而智慧图书馆则是更高层次、更高起点，提供更加专门化、专业化的知识服务，更强调用户转"知"成"慧"的过程，并将知识用于创新和价值增值。因此，如果要将"互联网+图书馆"升级为智慧图书馆，就要将智慧服务融入"互联网+图书馆"中，利用智慧思维、智慧空间、智慧技术、智慧内容、智慧手段、智慧管理等来激发用户的创新和创造能力，智慧服务是"互联网+图书馆"通往智慧图书馆的桥梁和纽带，若能应用好智慧服务就能早日促成智慧图书馆的实现。

综上所述，"互联网+图书馆"智慧服务具有广泛而深刻的研究意义，它与传统图书馆、数字图书馆、融合图书馆及智慧图书馆都存在千丝万缕的联系，对"互联网+图书馆"智慧服务进行透彻研究，既可以厘清"互联网+图书馆"与各阶段图书馆发展形态之间的关系，又可以清楚地为"互联网+图书馆"找到未来的发展方向，使"互联网+图书馆"智慧服务不再是一个抽象的概念，而是应用于实践中的具体方案和落实措施，为新时代社会生活的方方面面提供全方位、多层次、立体化的信息服务保障。

第二章   "互联网+图书馆"智慧服务理念

服务理念是决定服务成效的关键因素,是服务人员遵照服务对象的意愿和要求,为满足服务对象需要提供满意活动的过程。它既关系到服务人员的做事风格、态度及行为等主观因素,也关系到服务对象的期望值、满意度和忠诚度等客观因素。智慧服务理念是加入了人文智慧的有意识服务,即用心、用情和用智服务,使服务更有深度和温度,更贴近实际和深入人心,更能提升服务效率。而"互联网+图书馆"智慧服务理念则遵循"5A"理论,即任何用户(any user)在任何时候(anytime)、任何地点(anywhere),均可以获取任何图书馆(any library)拥有的任何信息资源(any information resource)[1],该理念既与用户需求息息相关,又与图书馆追求目标相一致,是实现"互联网+图书馆"智慧服务的根本宗旨。

第一节   以用户为中心

虽然"以用户为中心"一直是图书馆所倡导的服务理念,然而在现实服务中图书馆很难摆脱以"资源为中心"的桎梏,这和图书馆以纸质文献

---

[1]   杨玉麟.图书馆服务理念之我见[J].图书与情报,2010(4):4-6;12.

为主要载体分不开，而"互联网+图书馆"主要是以数字资源和信息资源为载体，更多以数字阅读、移动阅读和网络阅读进行服务，使图书馆"以用户为中心"变得更实际，通过对用户年龄、性别、习惯、偏好、行为等大数据进行统计和分析，在用户体验感知、需求变化上下功夫，围绕用户共性和个性特征，采取相应服务手段，为用户打造一个便捷、高效、安全的智慧服务环境。

一、注重情景感知服务

情景感知服务是移动互联网时代衡量服务质量的重要标准，它广泛应用于电子商务、新闻推荐、移动广告、电影与音乐推荐、电子旅游、移动学习、图书馆服务等领域，根据用户情景、偏好、行为和需求，采用推荐算法，为用户提供适时的推送服务。当今，情景感知已广泛应用于商业服务中，例如当用户在进行网络购物时，系统会根据用户选择物品的品类、款式、颜色、价格及次数等相关信息，自动跳出用户感兴趣、相同或相似的关联信息或商品，用户可以通过对比商品的质量、价格、信誉及评价等指标，来确认自己所需要购买的商品，避免花更多的时间或精力漫无目的地去查询相关商品，这种情景感知服务满足了用户购物心理需求，提升了用户购物效率，加深了用户愉快的购物体验。同理，"互联网+图书馆"情景感知服务就如网购体验一样，根据用户阅读需求，设定满足用户愉悦体验的阅读场景，适时嵌入用户感兴趣的阅读主题、内容和资料推荐，提供有利于用户交流互动的平台，感知用户对阅读的评价与反馈，调整服务方式以适应用户主体结构和消费习惯的改变。总之，情景感知服务是"互联网+图书馆"满足用户心理需求、加深用户阅读体验和提升用户阅读效率的最佳途径，图书馆应借鉴商业操作模式，将情景感知服务广泛应用于图书馆工作实践中，为用户带来全新的阅读体验。

二、满足用户需求变化

移动互联网技术的发展，改变了图书馆用户获取知识的行为和习惯。用户更依赖于方便快捷的智能设备，更趋向于随时、随地、随意的数字化阅读，更喜欢开放共享的资源环境和更乐意用个性自由的新媒体进行交流，而且受政治、经济、文化及生活环境因素影响，用户更擅长利用碎片化时间来进行快速浏览、查阅、了解新闻、动态、时事、咨询等相关信息，通过读、听、看、说等感官来全方位接受信息，更愿意在休闲、自由、流动氛围中阅读。"互联网+图书馆"要适应用户这些需求变化则需要不断提升自身服务能力，利用大数据、人工智能及云计算等先进技术来掌握用户身份信息、行为习惯和阅读偏好等，为用户提供智慧检索、分析、交互、推荐及决策等知识服务，激发用户阅读兴趣、丰富用户文化知识、开发用户潜在能力、提升用户社会价值，通过优化信息资源、美化阅读环境、尊重用户行为、提升服务效率等措施来完善服务体系，利用互联网的便捷性、开放性和互动性与用户建立联系，随时了解和掌握用户需求变化，鼓励用户积极表达或参与图书馆服务，实现图书馆与用户需求的良性互动。

三、提供个性定制服务

随着信息社会的快速发展，用户对图书馆服务的差异化与个性化需求越来越大，所以千篇一律、刻板保守、坐等上门的服务方式已不适应用户需求的变化，唯有个性、特色、时尚的服务手段能受用户青睐，如人脸识别、5G网络、物联网识别技术、扫码支付等新科技服务手段，能为用户提供更多、更精准的个性化定制服务及智能体验。"互联网+图书馆"致力打造全方位、多维度、高端智能的智慧服务环境，利用大数据分析，针对特定时间、特定地域、特定对象及特定需求来设置个性化定制服务。用户作为主体，提出本质需求，希望进行"私人定制"；图书馆则作为客体，应打造智能服务平台，根据细分用户大数据，了解不同用户的个性化需求，与不同图书馆及文化服务单位合作，通过跨界融合，实现从简单定制服务到深度定制服务的进化，满足用户深层次的个性化需求。目前，许多网商、电商都具备个性化定制功能，对销售的商品提供个性化选项服务，顾客只要设定自己心仪的款式、颜色、尺寸、材质等选项，网页就可以跳出符合顾客期望的商品，从而让顾客挑选到自己满意的产品。"互联网+图书馆"个性化定制服务也需要这样的效果，围绕用户需求设置定制服务项目，让用户自己做主、自己决定需要什么样的服务，想要得到怎样的服务效果，这样才能彰显图书馆人性化服务的本质和内涵，焕发出新的生机和活力。

第二节 以平台为基础

用户平台是"互联网+图书馆"智慧服务的根基，没有服务平台就没有"互联网+图书馆"，就更谈不上智慧服务，一个优质服务平台是集用户、资源、服务、交流于一体的综合体，为用户提供全方位、多功能、便捷化的智慧服务，互联网三大巨头百度、阿里巴巴、腾讯正是抓住了时代脉搏，围绕搜索、电商、社交建立了各自的应用平台，满足了用户对平台的需求，使得用户能主动、积极地参与进来，并带动更多的用户参与，这种用户连锁效应都归于开放、共享、共赢的平台思维[1]。因此，"互联网+图书馆"需要建立一套低成本、高效率、可识别的新型智慧服务平台，该平台是支撑"互联网+图书馆"转型发展的基础设施，为资源整合、共享借阅、交流互动及联盟服务的开展提供有力保障。

一、资源整合平台

图书馆资源包括公共资源和私有资源。公共资源主要包括一些公开、免费的供全体用户共同享用的外部资源，这部分资源容易获取，但却杂乱无章；私有资源指图书馆通过购买出版商和数据库商所获得的资源，以及自建特色数据库和机构知识库资源，这部分资源受制于合作商家或版权保护，随着采购成本逐年增加，各个图书馆明显感觉经济负担加重。互联网技术的应用和发展，不但可以链接各分散的图书馆，而且还可以加速图书馆之间的交流与合作，这为资源整合提供了机会和条件。"互联网+图书馆"资源整合就是以一种开放包容的姿态，将各级各类图书馆的各种资源整合汇聚在一起，通过互联网跨地域、专业和行业的优势，形成统一标准、统一路径、统一管理的超级图书馆资源整合平台，不仅可以提供"一站式"检索和个性化服务，而且能够提供便捷、海量、免费的信息资源服务。它还是一个资源交互平台，通过聚合不同用户的智慧，利用用户的力量去促进资源分享、补充和更新，使平台处于一种活泛状态，任何一个用户都有权利获取资源，但也要有义务奉献资源，就像百度文库、豆丁网、360doc个人图书馆一样，使平台始终保持在一个良性循环和不断更新状态，资源不断丰富，用户数不断增长。

---

[1] 陈群. "互联网+图书馆"融合发展路径探析 [J]. 图书馆工作与研究, 2017 (12)：10-16.

二、共享借阅平台

共享借阅平台是为实现海量用户共享借阅模式而专门搭建的信息服务平台，它依托集成的海量信息资源与云服务共享体系，为用户提供资源搜索与获取、自助借阅管理和信息定制等服务功能[1]。它源于"互联网+"时代对共享经济（如共享单车、共享充电宝、共享雨伞、共享篮球等）的应用，将共享理念嵌入图书馆管理与服务中，实现图书馆与图书馆之间、图书馆与用户之间、用户与用户之间的共享，其目标是最大限度地满足海量用户借阅共享需求。共享借阅平台创建的最大优势是减少文献资源流通中烦琐的借阅程序，极大地提高文献资源利用率，用户可以自主查询和借阅本馆或他馆文献资料，满足多样化的文献借阅需求；还可以通过在线阅读来发布书评、分享感受和进行学术研讨等；也可以通过线上请求，得到相应的线下配送服务；利用共享借阅平台产生直接联系，快速地从另一用户手中直接借阅所需文献资料，而不需要图书馆中转借还，以最短时间、最快速度和最有效方式借阅到所需资料。总之，共享借阅平台能够解决图书馆在流通环节中效率低下的问题，简化借阅手续、缩短借阅时间、提升借阅效率，这既契合用户借阅需求，又减轻了图书馆流通部门人力、物力和财力负担，能将更多的精力投入平台的管理和维护中，以提升图书馆服务效率。

[1] 陈群. "互联网+图书馆"与海量用户共享阅读模式研究［J］. 四川图书馆学报, 2019（1）: 56-60.

三、交流互动平台

新兴科技的发展已使社交媒体变得越来越普遍，当下最常用的微信、QQ、微博、论坛等社交媒体已成为人们日常交流所需，"互联网+图书馆"利用新兴社交媒体为用户打造一个智能、互通、便捷的交流互动平台也显得特别重要，传统BBS、留言板、E-mail等信息交流平台存在时效性差、参与度低、互动性较弱的缺点，很难满足用户日益增长的互动需求，也很难调动用户参与的积极性，而新媒体社交平台克服了这一系列缺陷。比如微信图书馆，它就是利用微信来提升图书馆服务的一种交流互动平台，它加强了图书馆与用户之间的联系，由图书馆安排专业馆员负责微信平台的运营和维护，保证了系统的稳定性，并针对用户提问及时给予回应，解决用户正面临的问题，提升用户与馆员之间交流互动性；同时，用户也可以针对图书馆发布的信息内容或推荐资料发表自己的看法和评论，将自己的想法、见解及意见及时反馈给图书馆，提升图书馆服务质量与效率。目前，微信图书馆已广泛运用于各大高校和公共图书馆，成为加强图书馆与用户交流互动的重要渠道，并随着图书馆大力宣传与推广，其运用也越来越广泛。微信图书馆是图书馆应用最广泛和普遍的互动交流平台，也是"互联网+图书馆"运用新媒体社交软件最成功的尝试。

四、联盟服务平台

"互联网+"关于"开放生态、连接一切"的特点意味着可以把各行各业都结合起来进行联盟合作服务，它打破了图书馆固有的边界、缩小了数字鸿沟、减弱了信息的不对称，有利于图书馆拓展智慧服务渠道、拓宽智慧服务空间、扩大信息服务范围。传统单一的图书馆服务会因资金、技术、资源、人才等方面局限而使服务变得力不从心，而"互联网+图书馆"联盟服务平台的建立，可以使图书馆跨越时空限制与其他行业、机构之间开展服务合作，既可以满足用户多元化需求，又可以减轻图书馆服务成本负担，还可以让合作服务单位互惠互利、共谋发展。联盟服务平台打造一个以互联网技术为基础，以图书馆为主，其他联盟成员为辅的智慧服务环境，这个平台具有灵活、便利、开放的特征，充分整合社会公共资源，利用网络嵌入进行链接，最大限度地为各类用户提供协作联盟服务。目前，比较流行的智慧云服务平台就是联盟服务平台的最好范例，它是云计算服务商利用自身数据中心优势，为行业客户提供托管、政务和资源服务的一种商业运营模式。其运行原理是用计算集群作为硬件平台，通过基于边缘计算的系统架构软件平台，构建分布式人工智能系统，利用数据和任务的协调和分发机制让人工智能更节能、更快速、更灵活、更高效。

"互联网+图书馆"可以利用商业智慧云服务搭建联盟服务平台，通过IT公司来协助维护和运营，这样可以节约时间和人力成本，只是费用相对较高，但服务平台一旦成熟运营起来，它的价值将无法估量。

第三节　以共享为目标

当今时代，"共享"一词已被世人所熟知，2017年12月，还被入选为"2017年度中国媒体十大流行语"，其入选理由是共享经济中的核心理念，强调物品使用权而非所有权，而共享经济是公众将闲置资源通过社会化平台与他人共享，进而获得收入的经济现象[1]。"互联网+图书馆"同样

---

[1] 360百科. 共享［DB/OL］. https://baike.so.com/doc/1500050-1586121.html.

也离不开共享发展理念，资源、知识、服务和人才的共享，可以将封闭保守、各自为政的图书馆连接起来，形成一个"人人参与，人人尽力，人人享有"的全社会信息保障生态环境，让全社会公民都平等享有公共资源服务的权利。以共享为目标是"互联网+图书馆"未来追求和发展的方向，它将引领图书馆迈向新台阶。

一、资源共享

互联网将人与人、人与物、物与物连接起来，形成一个互联互通的整体环境，有利于资源的利用和共享。资源共享是"互联网+图书馆"最显著的特征，它打破了传统数字图书馆"信息孤岛"的局限，解决了图书馆因电子资源价格攀升而缩小采购范围的困境，利用网络这个工具将分散在各处的各类图书馆连接在一起，加强彼此之间的交流与联系，从而为资源共建和共享提供了便利，各类图书馆则可以通过建立联合目录数据库或资源共建共享平台，本着"开放、平等、协作、分享"的互联网精神，尽可能地开放本馆数据资源，并加强对馆藏纸本文献开发利用、对电子资源联合采购、对网络免费资源优化整合，利用大数据思维实现人、资源与服务的完美结合，为用户打造一个开放、自由、绿色的资源获取生态环境。

"互联网+"时代，图书馆资源共享已变为"以用户需求"为落脚点，融入用户知识情境，深度开放资源、关联资源、调度资源和重用资源，实现资源平台与用户互动的双向实时配置，共享范围已超越图书馆内部系统限制，更强调为用户开放一切，更关注用户参与资源共建共享，并鼓励用户通过自媒体利用和传播资源，他们既是资源利用者，也是资源生产者，更是资源传播者，图书馆只在其中充当平台运营的管理者和媒介者，对用户获取资源起桥梁作用。"互联网+图书馆"资源共享已不是图书馆的个体行为，而是用户、图书馆、各社会组织之间的群体行为，资源从生产、组织、传播到利用都离不开各个群体的共同努力，只有具备共筹、共建、共享的理念，图书馆才能融入互联网大潮中而不被淘汰，从而利用社会公共资源来促进自身发展，并为社会做出贡献。

二、知识共享

知识共享是"互联网+图书馆"智慧服务的重心之一，它是将隐性知识转化为显性知识，使其不断吸收、应用和创新的过程，将知识不断增值并转化为生产力，推动社会向前发展。微信、微博、虚拟社区等新媒体的应用为知识共享提供了便利，也为图书馆智慧服务提供了条件，图书馆知识服务团队可以借助新媒体构建知识服务平台，为用户打造一个自由宽松的知识交流和分享环境，让用户、团体或组织能作为一个知识主体参与其中，不断创造、生产知识，并承担传递和分享知识的责任，吸引更多知识消费者接收、利用和创新知识，形成一个知识分享的闭环模式，让知识不断增值、不断创新，并在团体智慧的碰撞中激发用户个体的隐性知识，对知识进行突破和超越，从而创造出新的知识增长点。图书馆在知识分享中更多充当知识分解者的角色，负责对知识进行过滤、组织、存储等职能，并承担组织和管理工作，利用先进技术来保障知识主体共享与创造，提高知识组织和管理效率[1]。

"互联网+"时代，图书馆更趋向于通过虚拟社区为用户提供知识共享服务，它可以加强用户之间的交流互动。在虚拟学术社区中，用户可以不受时空、地域限制，自由传递和交流信息，并通过多种方式进行知识共

---

[1] 张向先，郭顺利，李昆. 新媒体环境下高校图书馆学科服务团队知识共享机理分析[J]. 图书馆建设，2017（5）：79-86.

享，实现知识的转移，使知识的利用达到最优[1]。虚拟社区具有知识共享范围广、平等性、自由性、专业性和及时反馈性等特征，为用户提供了一个轻松自由的交流环境，但由于受个人因素、人际因素和社区因素的影响，在分享知识过程中每个用户的行为、心理和意愿是不同的，图书馆如果能有效将优势资源嵌入虚拟社区中，引发用户对知识分享产生共鸣，带动他们主动分享知识，并使他们愿意分享知识和乐于分享知识，并能从分享知识中获得满足感与成就感，这就达到了图书馆服务的初衷，让知识增值并产生绩效，让更多用户受益于知识并分享知识，使用户在虚拟社区中找到存在感和成就感。

三、服务共享

信息网络技术发展改变了人们获取信息的途径和方式，也改变了图书馆"信息中心"的地位，图书馆传统的联合书目、文献传递、馆际互借及参考咨询等服务已不能满足用户日益变化的多元化需求，"互联网+图书馆"未来发展的新方向应考虑到由资源共享向服务共享转变，服务共享不仅可以节约图书馆资源建设成本，而且可以提升服务品质，在转变服务策略和创新服务方式上起着重要作用。具体措施包括以下三点。

第一，建立服务共享云平台。智慧化云服务平台是利用大数据、云计算等先进技术整合文献数据、用户数据、管理数据等，为用户提供端到端的智能增值服务，用数据驱动进行服务，并提供全天候服务，用户利用此平台可以获得人性化"畅通无阻"的服务，不限时间、不限地点和不限方式地获得信息、发布信息或共享信息，真正体验到图书馆无所不能的服务

---

[2]　蔡小筱, 张敏, 郑伟伟. 虚拟学术社区知识共享影响因素研究综述 [J]. 图书馆, 2016 (6): 44-49.

效率。

　　第二，重视用户参与体验。用户参与是消除资源获取困难的最佳途径之一，也是评估图书馆服务效益的重要指标，图书馆只有让用户参与到服务共享中来，才能知道哪些服务是有效的，哪些服务是无效的，通过用户亲身体验和反馈，才能明白服务的优势和劣势，并及时调整服务方向，提升用户的满意度。

　　第三，跨界联盟共享共赢。跨界联盟服务是"互联网+图书馆"创新发展模式，它不仅解决了图书馆面临的人力、物力和财力压力，而且能让社会公共资源得到充分利用，还能满足用户全方位、多元化的服务需求，这种跨越时空限制、模糊组织边界的联盟合作服务让图书馆打破了行业禁锢，以开放包容的姿态与相关服务主体交流合作，形成优势互补，互利共赢，也让用户感受到更先进的科技服务手段、享受到更丰富的资源储备和体验到更优质便利的联盟服务。

四、人才共享

　　人才共享是互联网时代随着知识共享而产生的新理念，它是国家、社会、企业等从更广角度、更大范围、更高效率来进行的人力资源配置。它不仅包括人才的学历、资历、经历、年龄等显性资源，也包括人才的工作经验、专业技能以及专家智囊等隐性资源。"互联网+图书馆"人才共享包括内外两部分：对内而言，图书馆打破部门之间人力资源配置，构建"扁平化"人才管理模式，优秀人才不再隶属于某个部门，而是以灵活服务身份存在，不以领导安排的机械性任务去工作，而是根据自身特长和优势，以用户需求为目标，利用网络技术、专业知识及实践经验，以最有效的方式为用户提供灵活而个性化的服务，这种服务精减了服务的中间环节，使服务变得更加直接和有效，可以让用户充分体验到图书馆优质高效的服务；对外而言，图书馆更多考虑的是基于低成本、高效率的人才利用模式，这种模式改变过去人才的单位所有制，改单位"养人"为社会"养人"，人才隶属于人才市场，单位只管用，只用不养，按用付酬，择优而用，这样不仅减少了巨大的财务支出，而且集天下优才而用之，从而大幅度地提高劳动生产率[1]。图书馆与其他用人单位也可以建立联盟合作关系，相互借调人才或调换人才来提升本单位服务效益，从而实现人力资源的优化配置。总之，人才共享是社会未来发展的必然趋势，图书馆也要充分利用自身优势，积极培养懂技术、肯钻研、敢拼搏的优秀人才，为实现跨越式发展做好充分的人力资源储备。

第四节　以创新为动力

"创新是引领发展的第一动力"，"互联网+图书馆"发展离不开创新，创新是改变图书馆被边缘化命运的动力和源泉。信息技术的迅速发展促使知识信息环境发生了变化，新的用户需求、用户行为和用户结构逐渐生成，他们更趋向于寻求更加便捷、个性化、准确的知识服务，"互联网+图书馆"通过机制创新、科技创新及实践创新开拓了新的服务路径，为图书馆未来发展打开了新局面。

---

[1]　360百科. 人才共享［DB/OL］. https://baike. so. com/doc/6563044-6776799. html.

一、以机制创新为引导

机制创新，是指企业为优化各组成部分之间、各生产经营要素之间的组合，提高效率，增强整个企业竞争能力而在各种运营机制方面进行的创新活动[1]。"互联网+图书馆"的机制创新关系到图书馆服务理念、服务方式、服务质量和服务效率等多个方面，是引领图书馆未来发展的重要组成要素，它主要通过决策机制、管理机制、保障机制和发展机制四个方面体现出来。

（一）决策机制

图书馆以往的决策主要根据领导人和相关专家评估、考察及汇总得出，带有一定的主观性和思维局限性，虽然在一定时期起到了积极作用，但随着信息技术的发展，这些决策在某种程度上开始阻碍图书馆发展，因此建立一套行之有效的决策机制变得十分必要。信息技术、大数据、物联网等新兴科技的发展为图书馆的决策机制带来了机遇，图书馆可以利用大数据技术来收集、整理、分类、汇总各类用户信息、资源信息及工作动态信息，并倡导多部门协同合作，汇总各部门动态数据，掌握资源增减情况、用户活动规律和日常事务管理等数据信息，利用大数据进行科学分析，得出最有利于提高资源利用率、提升用户积极性及提高管理效率的决策机制。这种依靠客观数据进行决策的机制有利于提高图书馆管理决策的科学化、精准化水平，促进图书馆良性发展。

（二）管理机制

图书馆服务效率与其管理机制密切相关，管理机制好坏直接关系到图书馆发展兴衰，构建一个科学合理的管理机制可以保证图书馆的正常运

---

[2] 360百科. 机制创新［DB/OL］. https://baike. so. com/doc/2147856-2272572. html.

营，并能发挥最大效能为社会服务。在互联网时代，图书馆管理机制需要做出更多改变：服务重心从资源为主转为以用户为主；管理体制由集中服务转变为分散服务；服务方式从坐等用户上门转变为积极主动为用户服务；服务咨询从线下转为线上；等等。管理机制的改变关系到管理效能的高低和社会评价的优劣，图书馆只有从组织内部系统地进行调整和改革，改变固定思维模式、重构组织结构、细化责任分工和提升人员素质，借鉴企业先进管理经验，利用现代智能技术来提升管理效率，从管理中吸引用户对图书馆长期持久的关注，提升用户黏性，并通过管理来实现图书馆的转型和升级，使图书馆能在管理中求生存、谋发展。

（三）保障机制

"互联网+图书馆"主要依托现代信息技术来进行多元化服务，但由于网络的开放性和自由性，会带来很多潜在危机，如病毒攻击、版权纠纷、网络诈骗及舆情误导等危害，国家为了保障网络安全，维护网络空间主权和国家安全、社会公共利益，保护公民、法人和其他组织的合法权益，促进经济社会信息化健康发展，于2016年11月通过了《中华人民共和国网络安全法》[1]，为营造一个风清气正的网络空间提供了法律依据。2017年11月《中华人民共和国公共图书馆法》审议的通过为公共文化服务保障提供了法律支撑，使广大人民群众能更好地享受到公共图书馆及其服务，有利于促进图书馆事业的发展。这两部法律的颁布实施为"互联网+图书馆"提供了法律保障，依法治馆成为图书馆可持续发展的根本保证。在法律的保障下，一方面，图书馆有权利维护自身的生存权和发展权，可以在政策允许的条件下，争取更多资金、技术、人员来维护资源数据安全、用户信息安全和平台运营安全；另一方面，图书馆有义务保障人民群

---

[1]　360百科. 中华人民共和国网络安全法 [DB/OL]. https://baike. so. com/doc/24210940-24838928. html.

众的公共文化权益，让公民享有公正、平等、免费的图书馆服务。依法治馆是图书馆应遵循的基本准则，不仅要提高各类人员的法律意识，而且要将法律保障落到实处，只有将二者结合起来，才能构建起一个安定有序、健康和谐的图书馆网络服务环境。

（四）发展机制

"互联网+图书馆"是图书馆服务创新的主要发展模式，它将图书馆基本功能和拓展功能融为一体，充分实现了图书馆虚实结合、线上线下、静动互补的全方位服务。随着科技的日新月异，图书馆需要不断完善自身发展，构建一套泛在化智慧服务、生态化绿色服务和联盟化融合服务的发展机制，挖掘图书馆潜力、激发图书馆动力和焕发图书馆活力，使图书馆实现长期、可持续、健康发展。

首先，泛在化智慧服务，是指图书馆在智慧化技术应用基础上构建能够无所不在地满足用户多样化需求并促进其智慧化发展的服务，它不仅包括智慧的服务，还包括为智慧而服务[1]，图书馆需要在此基础上构建以用户为中心的泛在化服务模型，通过基础设施层、数据资源层、技术处理层及服务应用层的递增功能，实现对用户泛在化智慧服务，让用户能随时、随地、随意使用图书馆资源，充分利用和发挥知识智慧，创造出新价值。

其次，生态化绿色服务，是指图书馆利用和融合互联网的独特优势，在信息资源、时空布局、技术设备及知识推广等方面打造智能化绿色生态服务，它突破了图书馆传统局限、超越时空限制，使服务在互联网上无限时空衍生，为图书馆的发展带来最好契机[2]。图书馆利用互联网实现资源信息的互联互通、共建共享，创建适用于用户行为习惯的知识推广和创新

[1]　陈远, 许亮. 面向用户泛在智慧服务的智慧图书馆构建 [J]. 图书馆杂志, 2015, 34 (8)：4-9.

[2]　刘洵, 金席卷. "互联网+图书馆"信息生态位竞争力研究 [J]. 图书馆工作与研究, 2016（17）：54-56.

模式，跨越物理空间局限范围，将服务延伸至虚拟空间，使图书馆服务价值得到不断升级、强化和增值，进一步提升其创新力与服务力。

最后，联盟化融合服务。互联网就如同一个大熔炉，既能够将各种信息融为一体，也可以将各类图书馆连接在一起，这为图书馆实现大联盟、大融合服务提供了可能，图书馆未来的发展方向就是从各类图书馆的数据连接中发现和创造出新的服务方式，即通过图书馆之间的合作联盟，跨越行业、领域、学科及地域局限，实现无时不在、无处不在的联盟融合服务。

二、以科技创新为内驱

"科学技术是第一生产力"，当下移动互联、大数据、云计算、人工智能、RFID、5G等技术正以势不可当的气势影响着社会各行各业，推动着社会经济的快速发展，也成为驱动图书馆创新发展的动力源泉。图书馆拥有科技创新的基础性资源，也是科技应用的尝鲜者，对各种新兴科学技术都应采取积极、主动接纳的态度，将抽象的理论科技转化为具体的实践应用，利用科技手段来武装自己，将科技转化为内驱力，不断提升自身服务效率，并引领科技人才不断创新，走出一条科技创新发展的新道路。

（一）培育科技创新服务环境

"互联网+图书馆"更多依赖技术智慧为用户创造一个知识创新的服务环境，在图书馆发展史上，科技领先图书馆发展是一种必然趋势，图书馆要敢于尝试新技术，并从尝试中总结经验和教训，不断完善自身服务效率。近年来，图书馆在科技应用方面取得了巨大进步，例如：以RFID为代表的物联网技术，使图书馆走向了智能化；以3G为代表的移动技术，使图书馆走向了泛在化；以SaaS（软件即服务）和PaaS（平台即服务）等为代表的云计算技术，使图书馆走向了区域一体化；以数据挖掘为代表的大数据技术，使图书馆走向了智慧化[1]。科技不断影响着图书馆的服务理念、组织结构、管理模式、空间布局及未来走向等，使图书馆不断超越自身局限，寻找新的服务创新突破口。图书馆在科技创新理念的引领下，不断为用户提供新兴科技带来的场景感受、资源发现、阅读体验、3D打印及个性订阅等新式服务，发现用户兴趣、挖掘用户潜质、激发用户创新能力，将用户的隐性知识转化为显性知识，并转"知"成"慧"，进而为社会生活服务。因此，"互联网+图书馆"不仅包括图书馆自身不断利用和发现科技创新的能力，而且包括激发用户创新的能力，即图书馆作为一个服务主体需要不断创新，而且需要为用户营造一个创新服务环境，从而为整个社会创新发展贡献光和热。

（二）健全高质科技发展路径

高质量的科技创新离不开原始研发能力和关键核心技术突破，"互联网+图书馆"在技术创新方面也需要走出一条高质、高效、可持续发展的道路。

首先，提升用户对新兴科技的真实体验。随着科技升级和产品迭代的发展，图书馆主流用户的行为习惯也发生了改变，时间和注意力的碎片化使短视频、浅阅读、互动直播及快播等互联网内容更吸引用户，图书馆可以顺应用户这一需求变化，将丰富的数字资源嵌入各种互联网平台，如利用裸眼3D（三维空间）、VR（虚拟现实）、AR（增强现实）、触感、渲染、智能互动等新兴技术进行创新，为用户提供便捷、有趣和高效的"比真实更真实"的体验。5G技术的应用，其高速率、低延时、高可靠性的特点，为图书馆带来虚拟/增强现实、超高清视频、智慧阅读、智能场馆、智能安防及区域联盟服务协同等新技术的应用场景，而用户在网络停留时间

---

[1] 曲蕴, 杨佳, 李妍. 图书馆信息技术应用趋势分析 [J]. 图书馆杂志, 2015, 34（1）: 13-19; 28.

加长、文字阅读碎片化现象加剧及网络社交属性加重[1]，也将使"互联网+图书馆"服务面临更大的挑战，因此及时转型和升级，为用户打造一个智能智慧服务场景，提升用户真实体验是图书馆未来发展的必经之路。

其次，深化对新兴科技的应用与管理。图书馆向来对新兴科技的关注是十分敏感并善于实践的，从最初的数字图书馆、移动图书馆、智能图书馆到智慧图书馆，都在不断尝试新兴科技给图书馆带来的便利、快捷和高效，"互联网+图书馆"是融合了所有技术的一种图书馆服务模式，更加深化了图书馆对新兴科技的应用与实践，利用"互联网+"思维，将大数据、云计算、物联网技术应用于图书馆，汇集了数字图书馆、移动图书馆的所有功能。例如：浙江图书馆运用互联网技术与浙江蚂蚁小微金融服务集团有限公司合作开展了信用及行为数据共享和分析，共同打造了集书刊借阅、活动查询、自助消费为一体的数字化平台；辽宁省图书馆通过微信公众平台延伸服务时空，增加了与用户的互动交流，使图书馆服务更加个性化、实用化、高效化，真正实现文化惠民；广州越秀图书馆运用科技手段，打造24小时线上讨论平台，为用户提供了自由交流、共同分享的创新创业平台[2]；苏州图书馆借助互联网与物联网技术打造线上线下借阅平台，率先推出了"网上借阅、社区投递"服务；等等。这些都是新兴科技运用于图书馆的成功案例，拓展了图书馆服务范围，提升了图书馆服务效益。而且随着人工智能和5G技术发展，还将进一步延伸图书馆服务深度与广度，向更加智能和智慧的图书馆服务迈进。但是，技术的应用终究离不开科学的管理，管理创新是实现技术创新的基础和保障，优质的管理可以将技术转变成更优质的服务，可以激发更深层次的技术创新，因此，图书馆应将新兴技术的应用和管理结合起来，用管理来助力技术创新。将科学

[1]　匡文波, 江倩岚. 5G时代的媒体用户变化研究 [J]. 新闻与写作, 2018 (11)：66-70.

[1]　刘芳. "互联网+公共图书馆"：服务创新与转型发展 [J]. 图书馆杂志, 2016, 35 (8)：42-48.

的管理和先进技术结合起来，进一步提升图书馆服务效益。

　　最后，树立科技兴馆的理念与自信。图书馆在发展过程中，对信息技术发展保持着高度的敏锐性，一直紧跟新兴科技发展步伐，并不断尝试和实践，为用户带来全新体验和新鲜感受，在利用科技手段进行服务创新方面做出了卓越贡献，面对日新月异的科技换代时期，图书馆不能停止追求科技兴馆的前进步伐，要保持积极主动的态度和克服困难的勇气和决心，不断探索科技兴馆的方法和途径，走出一条科技创新的新道路。在科技兴馆上，图书馆需要解决以下几个问题。（1）资金短缺问题。新兴技术研发离不开庞大的经济支撑，互联网的不断升级换代，意味着淘汰旧设备及基础设施，更换成新一代智能设备及终端设施，这就意味着图书馆需要有雄厚的经济基础做后盾，图书馆只有通过政策支持、财政补贴和项目支助等来筹措资金，才能为技术研发做好经济储备。（2）攻克技术难题。任何一个行业要想提升效益、发展生产率，都离不开核心技术攻关，图书馆的服务创新更离不开解决技术难题，特别是新科技的应用，必然在研发、安装、试用、维护等方面存在技术问题，这就需要有一批懂技术、会钻研、善学习的科技馆员起好带头作用，不断进行原始研发及技术攻关，让科技服务惠及更多用户。（3）质量效率问题。新科技的应用是为了高质高效发展，图书馆对新技术的运用是为了缩短服务时间、提高服务质量和提升服务效率，在有限的服务空间、设施、资源及人员的情况下，以最方便、快速和精准的服务方式，满足最大范围内各类用户的需求，从而使图书馆达到低成本投入、高效率产出的服务效果。（4）运行负担问题。智能技术及科技服务不是一劳永逸或一成不变的，而是一个不断更新完善的过程，特别是新技术及新设备的运用往往需要一个试月、启用和维护阶段，需要图书馆不断跟进和持续关注，不仅在运营成本上要不断投入，而且在后续管理上也要不断跟进，随着新技术的更新换代，许多设备和技术容易老化退步，如何跟上时代步伐，考验的不仅仅是图书馆财力问题，而且还有观念更新问题，能否在技术迭代中成功转型和升级，是图书馆面临的最大挑战，因此，图书馆只有抱着一种科技兴馆的决心与信心，不断创新和寻找突破口，才能在科技潮流中立于不败之地。

（三）增强自主创新服务能力

自主创新是指通过拥有自主知识产权的独特核心技术，以及在此基础上实现新产品价值的过程。自主创新包括原始创新、集成创新和引进消化吸收再创新[1]。"互联网+图书馆"自主创新服务包含三个方面的内容：一是原始创新服务，图书馆借助智能互联网技术对图书馆设备、空间、资源及服务进行改造，创造出新的服务场景、服务空间和服务方式，如虚拟现实设备可模拟出真实场景，让用户同时享受视觉、听觉和触觉的交互碰撞[2]，即使没有真实场景，也能体验到身临其境的阅读效果；二是集成创新服务，图书馆通过融合汇聚各种新兴技术，形成更具创新性的服务模式，如依托人工智能、大数据追踪及深度学习算法等技术，实时收集每个用户的阅读时长、停留时间、阅读速度及阅读偏好等数据，实现对用户的精准推广和个性化服务；三是引进消化吸收再创新服务，图书馆引进手机图书馆、微信、支付宝及腾讯QQ等经验和技术，结合图书馆服务工作实际，创建虚拟网上图书馆，使用户通过网络实现检索、借阅、阅读及共享等行为，并利用智能机器人实现智能咨询、导航、推荐及预约等创新服务。"互联网+图书馆"自主创新服务能力不仅包含图书馆运用新兴技术的能力，而且包含图书馆是否具有适应时代发展的能力，它有利于激发图书馆善于学习的潜力、勇于探索的毅力和敢于变革的魄力，对提升图书馆

[1] MBA智库. 百科-自主创新［DB/OL］. https://wiki. mbalib. com/wiki/%E8%87%AA%E4%B8%B
B%E5%88%9B%E6%96%B0.

[2] 陆颖隽，程磊. 基于虚拟现实技术的图书馆信息资源建设与服务创新研究——以CADAL为例
［J］. 图书与情报，2017（4）：8-12.

服务自信心和社会价值取向具有积极的作用和意义。

三、以实践创新为抓手

实践创新是将理论付诸实际行动的最好体现，是理论创新、机制创新和科技创新的最终落脚点和归宿，它是检验一切创新理论的唯一标准。"互联网+图书馆"通过多年理论研究，已具备一定的理论基础，这为其实践创新创造了条件，近年来，随着互联网的普及，国内较发达地区大学图书馆或公共图书馆都在理论发展的基础上不断尝试实践创新，并取得了一定成效，不但提升了图书馆服务效益，而且为其他图书馆提供了借鉴范例，真正展现出图书馆创新服务能力和水平，我们可以通过以下几组实践创新案例来呈现"互联网+图书馆"服务新模式，以及它为用户带来的全新服务体验。

（一）构建高校学科服务平台

"互联网+图书馆"视域下高校学科服务平台是一个以用户为中心，代入全新慕课化思想，以图书馆信息资源为基础，以流媒体视频为核心，以课程体系化为主线，引进社区空间设计理念，立体化、自主化的开放式学习平台。它是一种创新的现代信息服务模式，遵循以人为本、开放获取、以用户为中心的理念，是融合资源、空间、技术、工具和多种服务为一体的无缝一站式服务。以白城师范学院图书馆为例，该馆构建了课程中心、资源中心、个人空间及App架构、移动学习平台四大模块组成的学科服务平台，该平台包括在线学习、自我测试、统一检索、全文阅读、资源整合、资源浏览、资源上传、后台管理等服务功能，支持大数据量访问以及多种用户设置，通过课程建设综合管理、数字化考试、录播教室等三大系统来完成综合管理和可视化服务功能，并由此构建了学科服务平台安全策略和保障措施，为"互联网+图书馆"视域下高校学科服务平台建设研究提供了参考[1]。

（二）构建区域联盟共享平台

互联网的便捷性和开放性为区域图书馆构建资源共享联盟提供了可能，我国区域图书馆联盟的各种资源共享平台纷纷建立。（1）福建省高校数字图书馆（FULink），该平台由"福州地区大学新校区文献信息资源共享平台（FULink）"扩展而成，目前已有53所成员馆，它是将原来的"文献提供服务""联合借阅服务""移动FULink服务""随书光盘服务"等四大服务转为面向全省教育系统广大师生员工的"知识中心""学习中心""交流中心"，并进行全面建设，实现各院校图书资源相互开放、共建共享和联合保障。（2）浙江高校数字图书馆（ZADL），该平台在浙江省教育厅领导下，由全省各高校图书馆共同参与建成，面向全省高校的数字化文献保障服务体系，目前已建成较为完备的数字化文献资源保障体系。建立了全省高校联合目录，可为全省80余所高校近百万师生提供图书联合目录和电子期刊导航服务；建立了全省自建特色资源从建设到服务的共建共享体系，已建立33个自建特色库子项目，已开通统一检索、参考咨询、馆际互借等应用系统；为用户提供异构数字资源检索的统一检索平台，并无缝集成资源获取方式[2]。（3）江苏省高等学校数字图书馆（JALIS）采用"管理中心—学科/地区中心—基层图书馆"的三级网络服务体系，通过一期、二期、三期建设，已经初步建成"江苏高等学校数字图书馆联盟"。目前，第四期建设主要依托高校信息化和大数据中心为全省高校读者提供资源和服务统一揭示、整合的、分布式、开放的、多层次

---

[1] 朱鹏威. "互联网+图书馆"视域下的高校学科服务平台建设研究 [J]. 情报科学, 2018, 36（4）：91-94；110.

[1] 浙江高校图情工委. 浙江省高校数字图书馆正式面向全省高校开通试运行 [J]. 图书馆研究与工作, 2011（1）：21.

和个性化的"江苏省高校数字图书馆云服务平台"，以适应高校信息化和大数据技术的发展。它主要服务于全省高校图书馆，其共知、共建、共享的建设理念已成为江苏省高校图书馆普遍遵循的办馆理念，此系统平台已在江苏省高校图书馆中产生广泛影响，为全省高等教育教学、科研工作以及江苏省文献保障事业做出了巨大贡献。由此可见，各区域联盟共享平台已在各地生根发芽，并呈现出资源互补、经验分享、协作发展的良好发展态势[1]。

（三）构建跨界融合服务平台

跨界融合服务是"互联网+图书馆"最典型的特征，是图书馆开放、交流与合作的发展趋势，也是图书馆开拓创新、借助外力、拓展服务的必然选择，目前图书馆跨界实践案例已层出不穷，并收到良好的社会效益，可以从以下几个典型案例看出。（1）内蒙古图书馆"彩云服务"项目。内蒙古图书馆针对用户借不到新书、热门书的困境，与新华书店开展了"你选书、我买单"的"彩云服务"合作项目，图书馆利用互联网实现了书店销售数据和图书馆馆藏书目数据、读者信息数据对接，自主开发了集"采、藏、借、阅"于一体的服务管理平台（即彩云服务平台），让用户在书店根据自己喜好挑选图书馆，书店可现场办理图书查重、编目、录入、盖章等图书馆采编环节，读者借阅后，可以直接把书带回家阅读，看完归还至图书馆即可，这种创新服务不仅满足了用户个性化阅读需求，而且加强了图书馆与书店的合作，成功地实现了跨界合作服务[2]。（2）图书馆与文化服务单位跨界合作。互联网开放、平等、协作和共享理念对加强图书馆与相关文化服务单位合作起到了促进作用，并为图书馆及其合作

[1] 陈昌."互联网+"环境下第三代图书馆"再中介化"建设[J].国家图书馆学刊，2017，26（2）：51-56.

[2] 默秀红."互联网+"背景下的图书馆跨界合作实践与思考[J].情报理论与实践，2018，41（11）：56；79-82

单位提供了一种全新而富有成效的探索，如浙江图书馆在跨界融合中发挥了带头作用，它通过研发"浙江文化通"App，集中了全省公共图书馆、博物馆、美术馆、文化馆、剧院等公共文化机构，以及高校、民营文化机构的各类文化信息，汇聚于一"掌"，显示于一"屏"，为个人用户提供App、微信服务及数字阅读，为公众用户提供大屏幕实时在线展示，深受用户喜爱，有效拓展了图书馆与其他文化机构跨界、开放融合的途径[1]。

（3）图书馆打造公共文化"第三空间"。为了迎合全民阅读推广及都市休闲文化的需要，图书馆开始积极为用户打造阅读空间、创造阅读条件和营造阅读氛围，尽可能寻找可以合作的伙伴或机构，以适应现代社会发展要求，通过与咖啡馆、银行、地铁、酒吧等商业部门合作，满足用户碎片化阅读需求，如深圳市青番茄文化传媒有限公司创办的"Inlibrary"是"图书馆+咖啡"合作的先行者，曾在全国的17个省份54个城市，建立起600多家咖啡图书馆，合作伙伴包括雕刻时光、漫咖啡、Zoo Coffee咖啡、3W咖啡等知名度较高的咖啡屋，拓展了图书馆阅读空间，为市民打造了一个休闲的公共文化"第三空间"，正是在这种不知不觉的嵌入与合作中，图书馆将阅读渐渐融入用户的衣食住行，以优秀文化去影响人们，为人们提供文化获得感和精神愉悦感[2]。

（四）构建馆商联合服务平台

图书馆与商业机构的合作历来已久，传统图书资源采购都与出版商、数据库商及系统服务商联系紧密，互联网的兴起开始改变图书馆的生存模式、业务模式和服务模式，这也意味着图书馆与商业机构需要探索出新的合作模式，才能在互联网浪潮中立于不败之地。目前，图书馆与IT商业合

---

[1] 刘晓清. "互联网+"图书馆行动计划的实践与意义——以浙江省公共图书馆为例 [J]. 图书馆理论与实践, 2017 (6)：22-24；29.

[2] 默秀红. "互联网+"背景下的图书馆跨界合作实践与思考 [J]. 情报理论与实践, 2018, 41 (11)：56；79-82.

作比较成功的案例当属浙江图书馆与浙江蚂蚁小微金融服务集团有限公司展开的合作项目，该项目运用云计算、大数据等互联网技术，对双方共同用户的信用及行为数据进行共享和分析，以促进技术平台与公共文化服务行业的有效对接，共同打造集书刊借阅、活动查询、自助消费于一体的数字化平台，实现浙江图书馆服务创新和转型发展。浙江图书馆是第一家与支付宝建立服务窗口的公共图书馆，它实现了用户通过支付宝窗口扫描二维码，就可以办理读者证、书目检索、预约续借、网上借书、消费支付等一系列创新服务，而且可以通过网借到家服务，利用快递公司将书籍邮寄到用户手中，实现用户足不出户就可以借阅到图书馆资料的便利与快捷[1]。图书馆加强与商业机构合作，可以摆脱自身技术人员缺乏的困境，随着新兴技术发展，越来越多技术难题需要专业的商业机构来攻克，图书馆也要主动积极地与商业机构协作，更换更加智能化的设备，开发更加人性化的服务模式，如机器人服务、穿戴设备、智能书箱、24小时借还机、刷脸设备、智能安防监控等，积极运用微信、二维码、无感借阅、智慧书房、云课堂、精准推送及场景感应等创新服务手段，为用户提供全方位智慧服务。

　　综上所述，"互联网+图书馆"创新服务及实践已在全国各大图书馆之间开展，并呈现出蓬勃发展态势，它是图书馆善于开拓、敢于实践的真实写照，互联网给图书馆带来了危机感，也给图书馆带来了创新希望，图书馆只有不断革新、努力突破，将自身优势与先进科技结合起来，并运用图书馆人的智慧不断创新和实践，才能在风云变幻的时代发展中立足，并借助新兴科技力量不断焕发生机与活力，为社会政治、经济、文化及生活做出应有的贡献。

[1]　刘芳. "互联网+公共图书馆"：服务创新与转型发展 [J]. 图书馆杂志，2016，35（8）：42-48.

第三章　"互联网+图书馆" 智慧服务技术

　　"互联网+图书馆"最典型的特征就是运用物联网、云计算、大数据、人工智能及5G等新兴科技来优化服务，提升图书馆服务质量与效率。"互联网+图书馆"智慧服务技术是保障图书馆持续发展的动力和源泉，也是促进传统图书馆转型升级的重要工具，只有充分利用这些先进科学技术来武装图书馆，才能让图书馆持续保持活力和竞争力，在知识不断更新、科技突飞猛进的时代，要紧跟时代步伐，不断超越和创新，引领图书馆事业走向智慧化的未来。

第一节　物联网

　　物联网在"互联网+图书馆"中是必不可少的基础性支撑技术，它相比于互联网来说是更高层级的分组数据技术基础，为"互联网+图书馆"连接了人、物、机，而且借助互联网的3G、4G、5G、Wi-Fi及蓝牙等技术，构建了更高级的网络架构，这使其安全性及可靠性进一步提高，更优于互联网，正是这一优势使"互联网+图书馆"在运用物联网以后，其服务质量、服务效率及服务范围得到进一步加强，也为"互联网+图书馆"智慧服务奠定了技术基础，为更高层级的技术智慧服务创造了条件。

一、物联网的概述

物联网是信息技术的重要组成部分，是继计算机、互联网之后的第三次信息产业，它是互联网的应用拓展，延伸了互联网的服务功能，实现了物与物、物与人及所有物品与网络相连，方便识别、管理和控制，是新一代互联网的创新应用发展。

（一）物联网起源及发展

物联网起源于国外，经历了一个从理论假设到实践探知的过程，从20世纪末被提出以后，逐渐被人们所认识，再到21世纪被认可，直至飞跃发展，经历了近30年的发展历程，给社会经济和人们生活带来了极大改变，可以说，物联网带我们进入了智能时代，"智慧地球"已离我们不再遥远。

1995年，比尔·盖茨在《未来之路》一书中首次提出了关于"物联网"的设想，但由于受硬件、无线网络和传感设备等影响，还没引起人们的关注。

1999年，美国麻省理工学院"自动识别中心"（Auto-ID center）在物品编码、RFID技术基础上提出了物联网概念，即"万物皆可通过网络互联"。同年，在美国召开的移动计算和网络国际会议上，提出"传感网是下一个世纪人类面临的又一个发展机遇"。

2005年，国际电信联盟（ITU）发布了《ITU互联网报告2005：物联网》报告，指出物联网的定义和范围已发生了改变，已不仅限于基于射频识别技术的物联网，而是包括世界上所有物体，从轮胎到牙刷、从房屋到纸巾都可以通过因特网主动进行交换，射频识别技术（RFID）、传感器技术、纳米技术、智能嵌入技术是实现物联网的四大技术，将得到广泛应用，但当时人们对物联网的认识还不是很清楚。

2008年以后，各国政府为了寻找新的经济增长点，开始将目标指向物联网，将其作为下一代技术规划，在政策支撑、基地建设及项目跟进等方面给予重视：美国提出了"智慧地球"战略，其核心就是"云计算+物联网"，这一概念一提出就上升到国家战略高度，并在世界上产生了强烈影响，为下一代IT产业发展指明了方向；欧盟委员会提出"欧洲物联网行动计划"战略，确立"物联网"为欧洲信息通信技术的战略性发展计划；日本IT战略本部提出I-Japan目标，强化物联网在交通、医疗、教育和环境监测方面的应用；韩国提出"物联网基础设施构建基本规划"，将物联网市场确定为新增长动力。

中国自2009年8月温家宝同志提出"感知中国"以来，物联网被正式列入国家五大新兴战略性产业之一，写入"政府工作报告"，并在全社会受到了极大关注，无锡"感知中国"研究中心、中国科学院、部分运营商和以江南大学为代表的多所大学等都纷纷行动起来，将物联网领域的研究和应用开发推向了高潮，使物联网概念贴上了"中国式"标签。

但是，和欧美国家相比，我国物联网技术还存在关键技术落后、标准体系不完善、整体规划落后等问题和不足，正是因为有差距才更有动力，中国对待物联网的态度是积极的，在政府支持下，IT行业不断突破发展的关键因素，并尽可能地规划自主研发应用产品、掌握前沿核心技术、开放物联网平台、推广物联网解决方案、推进物联网应用升级等行动计划，为未来物联网与智能制造抢占先机做准备[1]。

---

[1] 周新丽.物联网概论[M].北京：北京邮电大学出版社，2016：2-14.

（二）物联网的定义及特征

1. 定义

由于不同领域专家对物联网的研究侧重不同，对物联网的描述也不尽相同，短时期内很难给物联网下一个确切的定义，目前，比较常见的几种定义如下。

2005年，国际电信联盟（ITU）定义：物联网主要解决物体到物体，人到物体，人到人之间的互联[1]。

2009年，欧盟第7框架下RFID和物联网研究项目组定义：物联网是未来互联网的一个组成部分，可以被定义为基于标准和可互操作的通信协议，且具有自配置能力的、动态的全球网络基础架构[2]。

2010年，我国政府工作报告定义：物联网是通过传感设备，按照约定的协议，把任何物品与互联网连接起来，进行信息交换和通信，以实现智能化识别、定位、跟踪、监控和管理的一种网络[3]。

相关研究学者定义：通过射频识别、红外感应器、全球定位系统、激光扫描仪器等信息传感设备，按约定的协议，把任何物品与互联网相连接，进行信息交换和通信，以实现智能化识别、定位、跟踪、监控和管理的一种网络[4]。

总之，目前学术界对物联网没有统一的定义，但是对物联网的认识却大同小异，可以归纳为：（1）物联网是在互联网基础上延伸和扩展的一种网络。（2）物联网促使各种感知技术得到广泛应用。（3）物联网将万物互联，促进现实世界与虚拟世界的交互交融，物联网正以独特的魅力吸引着社会各界关注，它具有感知、交互和信息处理能力，为社会生产和人

[1] 李爱军. 物联网基础教程［M］. 成都：西南交通大学出版社，2016：1.
[2] 李爱军. 物联网基础教程［M］. 成都：西南交通大学出版社，2016：1-2.
[3] 张光河. 物联网概论［M］. 北京：人民邮电出版社，2014：9.
[4] 秦志光. 智慧城市中的物联网技术［M］. 北京：人民邮电出版社，2015：122.

们生活带来了巨大变革。

2. 特征

与传统互联网相比，物联网具有全面感知、交互传递、智能处理等特征，它是在互联网通信协议基础上，利用互联网基础设备和各种技术手段，将各种物体接入互联网，实现人与人、人与物、物与物之间的交互连通，从而形成"智慧世界"，让万事万物得以联动沟通。

（1）全面感知。这是物联网最基本的特征，它通过各种类型的传感器技术、条码技术及射频识别技术（RFID）等，来识别物体并采集信息，以满足信息的传输、处理、存储、显示、记录和控制等要求。传感器包括声、光、电、气、热度、湿度、饱和度等敏感元件，其工作原理就如人通过视觉、嗅觉、听觉、味觉及触觉来感知外界信息，并将各种信息收集到大脑，再由大脑做出判断并发出指令，进行下一步活动。条码技术主要指条形码和二维码，是将宽度不等的多个黑条和空白，按照一定的编码规则排列，用以表达一组信息的图形标识符[1]，它被广泛用于图书馆、血库、超市、微信及支付宝等业务中。射频识别技术（RFID）是一种自动识别技术，它具有传统条码扫描无与伦比的优势，识别效率高、准确、防伪、批量盘点统计、快速出入库，以及商品在供应链上追踪，常运用于图书出入库管理、自助借还登记及读取标签数据等业务。因此，全面感知是提高物联网信息感知准确度的最基本特征。

（2）交互传递。物联网上传感器定时采集到信息以后，需要通过网络适时传送，但由于这些信息数量庞大，为了保证信息的准确性和及时性，即信息应传递到相应目的地而不能有偏差、信息应及时得到共享与处理，因此，物联网就必须考虑适应各种异构网络和协议，如移动通信网、

---

[1] 张光河.物联网概论［M］.北京：人民邮电出版社,2014：24.

国际互联网、企业内部网、有线电视网、各类专网等，以保证数据信息无障碍、高可靠性、高安全性地进行传送。目前，蓝牙、超宽带、智能网关等短距离无线传输已普遍被应用并发展成熟，而基于移动互联网络的5G技术已为物联网交互传递带来了新希望，其低时延、大流量、广接入等特征意味着万物互联、实时共享的时代已经不再遥远。

（3）智能处理。物联网智能处理实质就是把感知和传输的信息加以利用，即运用云计算、大数据、模糊识别等各种智能技术对海量信息进行分析、加工、分类和处理，对有价值的数据进行提炼，并提供给不同需求的用户，为他们的决策提供帮助。

（三）物联网的应用价值及意义

近年来，物联网已不再是一个抽象的概念，它已应用于智能工业、智能农业及智能服务业等领域，推动了社会生产发展，改变了人们的生活方式，对整个社会产生了积极影响。随着物联网功能的进一步提高，它在电网、交通、环境、教育、医疗、家居等方面的应用将更加普遍，智慧服务将成为物联网未来发展的方向。

1. 智慧物流

信息技术和物联网的发展为物流行业带来了新的发展机遇，现代智慧物流通过无线射频技术、传感技术和GPS技术等将装置与互联网相连，形成一个巨大的智能数据中心，通过对庞大的物流数据进行集中统计、分析、管理、共享和利用，可以实现物品的配送、仓储、包装、装卸、运输等，从而将物品从供应者手中快递到需求者手中，完成物品"交易—运输—收货"的过程。智慧物流具有面向社会用户提供信息服务、管理服务、技术服务和交易服务的基本特征。它为农业生产提供了销售渠道，以较低成本投入，获得最大化利润，在保护生态环境、节约自然资源和社会资源方面都具有积极意义。

2. 智慧交通

交通是关系到国计民生的大事，交通拥堵、交通瘫痪、交通事故将给社会经济带来不可估量的损失，物联网技术的发展为交通管理破解了难题，不但有利于缓减交通堵塞问题，而且对交通安全、路况监控及交通处理等都带来了便利，"智慧交通"将成为"智慧城市"建设的重要组成部分，为人们社会生活提供最根本保障。我国上海市搭建的"上海市交通综合信息平台"为智慧交通提供了借鉴模板，该平台分为道路交通、公共交通、对外交通和世博交通四大类，可以展示全市高速、快速和地面三种路网的实时路况、视频和事件等信息，还可以展示轨道交通和地面交通的线路分布、站点设置等信息，为交警总队、交通港口局、公安部门等提供有效的交通数据信息，确保整个城市交通有序进行和良性循环[1]。智慧交通充分利用物联网来参与交通建设、交通管理和交通服务，为国民经济建设和人们的工作生活做出了应有的贡献。

3. 智慧医疗

社会医疗是一个人们十分关注话题，"看病难"一直是困扰诸多国家和地区的难题，智慧医疗通过打造健康档案区域医疗信息平台，利用最先进的物联网技术，实现患者与医务人员、医疗机构、医疗设备之间的互动，逐步达到信息化[2]。物联网技术将医院内部的医疗、设备、药品及人员信息化，构建起以电子健康档案为中心的区域医疗信息平台，优化区域资源优势，实现跨机构的在线预约和双向转诊，使病患能在最短时间内、以最简化的手续、得到最合理的医治。同时，医生可以对病患和药品进行智能化管理，通过在线解答、远程诊疗等解决偏远地区或行动不便患者的医疗问题，真正做到以病人为中心。物联网技术广泛应用于医疗领域，具

---

[1] 秦志光. 智慧城市中的物联网技术 [M]. 北京: 人民邮电出版社, 2015: 114.

[2] 百度百科. 智慧医疗 [DB/OL]. https://baike. baidu. com/item.

有广阔的前景，它的紧急救助、预约挂号、健康档案等业务，让子女即使不在父母身边，也可以通过智慧医疗让父母得到全面、专业、个性化的医疗照顾。未来，医疗行业将融入更多人工智慧、传感技术等高科技，使医疗服务走向真正意义的智能化，推动医疗事业繁荣发展。

4. 智慧家居

随着社会经济的发展，人们的生活品质得到进一步提升，对日常家居也越来越注重便利性与舒适性，于是智能家居成了满足人们生活必需品的首选，智能家居通过物联网技术将家中的各种设备（如音视频设备、照明系统、窗帘控制、空调控制、安防系统、数字影院系统、网络家电以及三表抄送等）连接到一起，提供家电控制、照明控制、窗帘控制、电话远程控制、室内外遥控、防盗报警、环境监测、暖通控制、红外转发以及可编程定时控制等多种功能和手段[1]。智慧家居是智能家居"数字家庭"的升级版，它将被动数字家居管理升级为主动控制和交互，通过射频识别技术、自动感应技术、GPS技术和GIS（地理信息系统）技术、安全防控技术等，实现对智能家居的智能化识别、定位、跟踪、监控及报警等管理，加强了人们对智能家居的远程控制与监管，优化了人们的生活方式，提升了人们对品质生活的追求与享受。

由此可见，物联网作为一项与互联网息息相关的技术，已广泛应用于社会生产和生活服务领域，体现出万物交互连通的应用价值，在提高生产效率、节约社会资源、提升舒适度和满足生活需求等方面产生了积极效应，它已成为智慧社会建设必不可少的一项基础技术，在社会生产和生活中起着举足轻重的作用。

---

[1] 秦志光.智慧城市中的物联网技术［M］.北京：人民邮电出版社，2015：32

二、物联网与"互联网+图书馆"

近年来，物联网技术已被广泛运用于图书馆，如最常见的自助借还系统、安全门禁自动刷卡与报警、图书自动盘点与分拣等业务已被广大用户所熟知，物联网技术不仅替代了图书馆简单重复的借还工作、减轻了工作人员的劳动强度，而且提升了图书馆的管理效能和运作效率，并推动图书馆向自动化、智能化和网络化方向转型与升级。"互联网+图书馆"已实现互联网与数字图书馆的交互运用，而物联网则助力"互联网+图书馆"向更加智慧的服务方向发展，智慧图书馆将成为物联网应用于"互联网+图书馆"的最终目标与落脚点。

（一）物联网和"互联网+图书馆"的关系

物联网是一种基于虚拟网络与现实世界相交互的网络系统，它以互联网为核心和基础，是互联网功能的延伸和扩展。物联网技术从基础上解决了物理实体的自动识别、互联访问和自动管理问题，使物理实体信息化、网络化、智能化，物联网与互联网对接与融合，极大地拓展了互联网的覆盖范围，促进泛在网络的形成，丰富了网络基础上信息系统的功能和运行模式[1]。

将物联网运用于"互联网+图书馆"就是通过物联网技术将图书馆物品（包括图书馆自身）与互联网连接，以实现对图书馆物品智能化识别、定位、跟踪、监控和管理的网络系统。物联网射频识别技术（RFID）、传感器技术、传感器网络技术、网络通信技术等将图书馆的馆舍、建筑、桌椅、书籍、用户信息与电脑相连接，实现了全面感知、交互传递、智能处理，使图书馆具备"无处不在的数据感知、以无线为主的信息传输、智能

---

[1] 邵莉娟，叶宏信. 物联网：影响图书馆的第四代技术[J]. 图书与情报，2010（2）：90-92；110.

化的信息处理，用户端可以延伸和扩展到任何物品与物品之间，进行信息交换和通信"等特点[1]。物联网与GPS定位技术及传感网络技术相结合，可以解决图书馆物理位置定位问题，如低效、落后的图书乱架，重复、机械的人力浪费，以及盲目、费时的书籍寻找等，将图书管理系统与实体物品融为一体，共同构筑了一个比互联网更加庞大的网络系统，使图书馆服务更加智能、便捷和高效。

（二）物联网为"互联网+图书馆"带来的变革

"互联网+图书馆"已利用互联网将数字图书馆连接起来，实现信息的互联互通和资源的共建共享，物联网应用于图书馆后，将图书馆的建筑、资源、设备、安防、消控等实体物品连接入网，增强了"互联网+图书馆"的智慧服务功能，不仅在服务模式上使图书馆有了更大的改变，而且在服务内容上也使图书馆有了更全面的发展，它使图书馆物理实体变得更加智能、绿色、环保，而且使图书馆虚拟空间变得更加开放、灵活、安全，也使图书馆由单向、被动和浅层次服务转变为双向、主动和深层次的服务。

首先，物联网给图书馆的建筑实体带来了变化。物联网通过嵌入电子芯片、射频识别、红外感应器、全球定位系统（GPS）、激光扫措器等信息传感设备，按照约定协议，把图书馆里所有物品与互联网连接起来，形成信息交换和数据通信，从而实现智能化识别、定位、跟踪、监控和管理。物联网的射频识别技术（RFID）可提升馆藏数据的借阅与利用效率，通过ID芯片识别，可布局具有传感器的书架，缩短用户查找书籍的时间，减轻馆员盘点书籍的负担，目前在图书馆大量运用的预约取书及图书自助借还业务，充分体现了物联网应用于图书馆的优势；ZigBee 传感器是智能

---

[1] 徐军. 物联网与图书馆 [J]. 图书馆学刊, 2011, 33（9）: 103-105.

家居的首选，当它应用于图书馆环境感知中，可实现座位、灯光、空调、设备的自动控制和远程访问，用户可事先预约计算机或视听欣赏座位，通过账号认证后，传感器可开启设备电源供读者使用，当用户使用完毕离开后，这些设备可以自动关闭，最大限度上节约能源消耗，减轻馆员管理众多设备的负担，并可远程监控设备使用情况；全球定位系统（GPS）随着智能手机的应用变得越来越重要，它应用于图书馆也指日可待，图书馆利用定位系统功能可以收集用户与图书馆产生关联的大数据，如进馆的频率、阅读的习惯、访问的倾向等，从而分析出用户的个性化需求，以便提供特色服务。总之，物联网带给图书馆的不仅仅是对建筑空间及室内设计的重构与改造，而且是集管理和服务于一体的智能化环境体验，它实现了图书感知、环境感知、设备感知及人员感知，将图书馆实体空间转化成虚拟空间，实现了两个空间的交换和共享，是图书馆发展的重要体现。

其次，物联网给图书馆的服务模式带来了变化。传统的图书馆服务模式主要围绕图书"采、藏、借、阅"进行，图书馆与用户之间联系单一，通常以图书馆为主，用户为辅，这样造成图书馆的服务与用户的需求脱节、资源的重复建设和大量闲置等现象。而物联网在图书馆的应用改变了这一困境。它通过无线数据通信网络把图书资源自动采集到中央信息系统，实现资源的识别和分类，并通过开放的互联网实现信息的交换和共享。同时，图书馆通过用户信息系统可以全面详细了解用户需求，邀请用户参与采编平台进行图书资源采购，利用共享借阅平台来实现图书馆之间的资源建设和联合服务，并根据用户特征，利用个性推荐及新媒体传播来实现资源推广与个性化服务。物联网将图书馆、资源设备、用户等联系起来，实现图书馆与资源设备、图书馆与用户、用户与资源设备之间互联互通，使信息交互变得更便捷、密切和随性，信息融合与个性化服务成为图书馆服务常态，图书馆的安保、消防系统也变得更加亲切、安全。因此，以物联网为基础的图书馆服务模式带给图书馆的不仅是观念上的改变，而且是更深层次的实践操作的改变，使图书馆更倾向于利用新兴科技手段及联盟合作意识，为用户提供更便捷、高效和人性化的联合服务，这种主动灵活、积极开放的服务模式，使图书馆充当的角色更多样化，成为用户获取知识的资源中心、学习中心和交流中心。

再次，物联网给图书馆的服务内容带来了变化。物联网将实体图书馆变为虚拟图书馆，扩展了图书馆的服务空间、扩充了图书馆的服务资源、扩大了图书馆的服务对象，给图书馆的服务内容带来了深刻变化。（1）提供了虚实结合的信息空间服务。物联网将图书馆任何一种物品都变成传感器节点，从而将实物变成数据信息，形成一个虚拟的图书馆服务空间，用户可以通过互联网查询来获取图书馆资源信息和设备利用情况，确定需要的服务内容，并依靠物联网中底层传感节点引导完成实体空间的服务过程。（2）缩短了用户与图书馆的信息交互距离。物联网将实体资源变成虚拟资源后，用户就可以通过网络平台完成资源的查询、借阅、归还及推荐等活动，实现全方位的自我服务和自我管理，并通过图书馆提供的网络资讯平台提出意见进行反馈，将自己所思所感及时反馈给图书馆，从而促进图书馆改善和提升其管理和服务水平。（3）实现了全面深入的信息资源服务。物联网将跨馆服务变成了现实，它借助云计算强大的计算能力和存储能力，将图书馆各种感应信息与其他图书馆进行交互和融合，实现图书馆之间信息感知和交互服务，为用户提供多途径、多形式和多选择的信息资源服务，并利用全面而详细的用户借阅信息统计，实现更有针对性的图书推荐服务。总之，物联网应用于图书馆，使图书馆服务内容发生了根本性的变化，为图书馆提供了全新的发展机遇。

最后，物联网给图书馆的服务管理带来了变化。物联网应用于图书馆，促进了图书馆对设备、人员、资源、物流及信息等的整合化管理。从环境角度看，图书馆借助物联网技术，能够让馆舍变得更加智能化，实现水、电、光、温度、安保等的环保节能和自动化管理；从人员角度看，物联网的应用大大减轻了图书馆馆员盘点、借还、咨询、采购工作，能让馆员抽出更多时间考虑如何提升服务效率，而不是做重复机械的简单工作；从资源角度看，物联网将馆藏资源连网后可以实现资源的共建共享，避免因重复建设和流通不畅引起的资源浪费，可以最大限度地提高资源利用率；从服务角度看，通过物联网技术，可以全面、实时地获取图书、人员、设备等信息，图书馆服务场所不再局限于图书馆建筑之内，服务方式也由面对面变为可通过网络或其他通信工具进行，用户接受图书馆服务的设备则会拓展到各类智能移动设备、数字电视等其他智能设备。服务过程由用户、图书、图书馆管理系统之间的单向服务变为三者之间的网状服务过程，服务原则也由按时服务变为随时服务[1]。总之，物联网让图书馆变成了一个集服务与管理于一体的全方位、智能化的体验环境，它促使图书馆向更高级的智能图书馆迈进。

综上所述，物联网技术从基础上解决了物理实体自动识别、互联访问和自动管理问题，使物理实体信息化、网络化、智能化，物联网与互联网的对接与融合，极大地拓展了互联网的覆盖范围，促进泛在网络的形成，丰富了网络基础上信息系统的功能和运行模式[2]。物联网应用于"互联网+图书馆"之后，图书馆服务场所不再局限于图书馆建筑之内，服务方式也更偏向智能设备的使用，服务时间更随意自由，服务过程也变得更直接有效。物联网赋予"互联网+图书馆"新的价值和智能体验，让图书馆焕发出新的活力和生机，为迈向智慧图书馆创造了基础条件。

[1] 李峰, 李书宁. 基于物联网技术的智能图书馆发展研究[J]. 图书情报工作, 2013, 57(5): 66-70.
[2] 牛勇, 药丽雯, 杨丽梅. 图书馆物联网构建初探[J]. 图书馆工作与研究, 2011(10): 44-45.

（三）物联网在"互联网+图书馆"中的应用场景

物联网解决了物体与物体之间、物体与人之间，以及人与人之间的互联和信息交换，它将无线射频识别技术、传感器技术、智能技术、无线通信技术应用于图书馆后，使图书馆变得更加智能。近年来，物联网已广泛应用于各级各类图书馆，为图书馆工作提供了便利，也提升了服务效益。随着智能互联网的兴起，物联网更显示出其重要作用，它为"互联网+图书馆"发展提供了基础设施和技术保障，促进了人、物、网之间的交互与融合，将现实世界（物理空间）与虚拟世界（网络空间）结合起来，为图书馆创新服务开辟了新途径。

1.物联网应用于借阅查藏业务

智能化、自主化、无人化是物联网未来发展方向，图书馆运用RFID技术，可以实现图书的存储、查询、借阅、归还、转借、推荐等综合管理服务，让用户能通过自主服务和自主管理完成图书馆的一切服务工作。相比传统的条码加磁条方式，RFID技术具有防水、防磁、耐高温等特点，在盘点、查找和保护图书方面具有明显优势，而且它的技术在推进图书馆业务重组、自动化发展及服务效益方面具有革命性的影响。它的解决方案主要包括以下三个方面。

第一，智能书架方案。RFID技术实现了在架图书单品及物品的识别，可完成馆藏图书实时监控、清点、图书查询定位、错架统计、自助借还等功能，还可以快速完成图书精确定位和快速检测。智能书架系统实现了书架上文献的实时扫描、记录和更新，实现了文献的自动识别、快速清点功能，强化文献的流通统计，归还文献的快速定位，有效降低文献的错架率，提高图书管理人员的工作效率，真正意义上利用RFID技术实现了图书定位管理[1]。

---

[1] 百度百科.智能书架［DB/OL］. https://baike. baidu. com.

它能够实时将每本书定位到哪一层，图书馆馆员可以利用顺架软件系统，轻松完成费时费力的排架工作，相对于用户而言，可以利用手中的智能设备，清楚地了解到某本书的具体位置，有效节约用户借阅的时间和精力。智能书架是RFID技术与图书馆系统的无缝集成，为提高图书管理效率、减少图书馆管理成本提供了更加高效的途径。

第二，自主借还方案。自主借还系统是建设智慧图书馆的核心应用之一，它可以方便、快捷、高效地完成借还书的全部流程，并提供24小时全天候服务，帮助图书馆在有限的人力资源下，增进流通速率、简化借还流程，提升图书馆服务品质，做到无人化图书馆服务。图书馆RFID管理系统接入互联网之后，更是增强了图书馆自主借还功能，它将图书馆实体资源转化成数字资源后进行联网，可以实现系统的远程访问和在线咨询服务，用户利用智能上网设备，在任何地方都可以访问图书馆网页，并通过自主借还系统，将心仪的图书借到自己的书架阅读，并可以进行标注、评价及圈点等，还可以将此书进行推荐，让更多用户读到此书，最大限度地发挥该书的利用价值。此外，图书馆RFID管理系统还可以实现图书资料的实时监管，通过收集用户借书行为大数据，可以了解用户阅读行为及习惯，还可以了解图书资料的利用情况，并用这些数据来优化图书馆资源管理，进一步提升图书资源利用率。

第三，智能馆藏方案。RFID作为一种非接触式自动识别技术，可以通过射频电磁波来对目标进行跟踪和识别，实现物品间无接触信息传递，它的这一优势最适合于越来越繁重的图书馆馆藏工作，利用射频标签、阅读器、应用系统等组成一个高效、快速、智能的智慧馆藏解决方案。首先，运用RFID可以提高图书借阅速度及图书馆藏速度。RFID利用其非接触、无视觉识别、多标签识别等特性，可以实现远距离监测、图书快速与批量进入馆藏，避免了传统图书馆藏一书一码一扫的烦琐过程，在一定程度上提升了馆藏图书入库借阅效率。其次，运用RFID可加速馆藏图书盘点作业。RFID应用于馆藏图书以后，馆员可以利用手持阅读器，一次性读取贴有射频识别标签图书的全部数据，可轻易寻找及分辨书架上的书籍，在不影响正常工作的情况下，完成盘点和顺架工作，从而减少大量人力、物力、时间及财力的消耗，提升了图书盘点效率。最后，运用RFID可提高图书安全性，便于馆藏管理智能化。RFID电子标签具有可读写功能，其电子数据可根据需要记录各种信息，如书名、架位、馆藏地点等，它与互联网相连后就可成为数字馆藏资源，即可以实现馆藏资源的智能化管理，用户可通过网络了解具体馆藏信息，从而有目标、有方向地借阅图书资料[1]。由此可见，物联网技术应用于图书馆智能馆藏，可实现图书分拣、高效盘点及自助借还，有效提升图书管理效率，简化图书管理流程，降低图书管理人员的劳动强度，以促进图书馆向智能化、现代化发展。

2. 物联网应用于数字网络建设

物联网能够将图书期刊资源、各类数据库资源、机器设备信息资源、楼宇自动化信息资源、人力信息资源等连入互联网中，并以数字网络接入云端，实现图书馆数据资源的互联互通、数字文献资源的共建共享以及纸质文献资源的通借通还。其解决方案主要包括以下三个方面。

第一，基础设施感知层。基础设施配备是物联网应用于数字网络所需的必备条件，主要包括硬件设施和软件设施，其中硬件设施包括计算机、智能手机、感知设备、存储设备、计算设备、多媒体、Wi-Fi、ZigBee等，软件设施包括计算机操作系统、自动化应用软件、虚拟设备软件、设备管理软件等。这些设施有利于资源存储、数据收集、信息传递，将物理图书馆变成虚拟图书馆，进一步拓展图书馆服务的时空范围，构建虚实结合、

---

[1] 基于RFID的智能化馆藏管理解决方案［EB/OL］. RFID世界网，（2019-12-11）［2020-09-30］. http://solution. rfidworld. com. cn/2019_12/8c1b3e71e719f709. html.

全方位、立体化的图书馆数字网络服务系统。

第二，数据资源网络层。数据资源主要包括一些感应数据、用户数据、资源数据及业务数据等。感应数据是指通过传感器收集的数据资源，如门禁、借阅、访问、查询及咨询等数据；用户数据主要包括用户的基本信息，如证件号、姓名、性别、爱好、专业、住址及联系方式等；资源数据包括图书管理系统中的书目数据、条码，以及通过射频识别技术收集而来的馆藏文献数据和所有数据库数字资源数据等；业务数据包括图书馆开展的培训活动、专题讲座，召开的会议，以及远程服务和阅读推广等日常工作中所收集的数据。图书馆利用物联网技术将这些数据资源连网并存储于网络云端，不但可以节约图书馆的存储空间，而且可利用网络来获取、传递、处理和交互信息，使图书馆数字资源能够得到充分利用，为用户提供方便、快捷、高效的资源获取途径。

第三，用户服务应用层。应用层是物联网应用于图书馆的终端体现，也是检验用户获得感最直接的层级。物联网智能处理技术能够实现信息资源的识别、获取、利用、分享和控制，提供多元的信息资源服务；也能够根据用户画像、需求分析及点击频率等为用户提供精准推荐、个性服务和特色定制等服务；还能够利用微博、微信、QQ、博客等新媒体交互平台，实现图书馆与用户之间双向交流和互动反馈，打通图书馆与用户之间的交流通道，提升图书馆服务水平和管理效能。

3.物联网应用于用户行为管理

用户管理是一项庞大而复杂的数据工程，也是图书馆服务效益的关键因素，物联网应用于用户信息、用户行为、用户需求管理，不但能够解决用户使用图书馆资源的困扰，而且能够解决图书馆个性化资源配置服务的难题，对用户和图书馆都具有划时代的意义。

第一，用户信息的智能识别。物联网的相关技术将用户信息由静态化转化为动态化，将用户信息存储于图书馆服务管理系统中，通过智能识别工具（如手机、iPad、扫描枪等）扫一扫二维码，就可以调出用户的相关信息；或者将用户证件（如身份证、图书证、护照、港澳通行证、台胞证、身份证、驾驶证、行驶证等）上传至管理系统，通过证件识别仪器进行身份识别；也可以将用户信息输入服务器端，通过人脸识别技术提取用户相应信息。物联网是目前最普及的用户信息智能识别技术，它操作方便快捷，而且简单实用，是互联网应用于图书馆的最佳表现。

第二，用户行为的泛在服务。图书馆用户行为包括线下和线上行为。线下行为包括用户进馆频率、在馆活动、阅读选择、自主借还及停留处所等，能反映用户习惯、兴趣、偏好等一系列现实活动轨迹；线上行为包括用户进入门户网站频率、点击网页数、浏览停留时长、下载转发活动及圈点评论标注等一系列网上活动轨迹。物联网通过自动识别、自动感知和自动定位等技术将用户行为进行锁定，并提供泛在化服务，无论用户身在何处，利用何种设备，在任何时段都可以向图书馆发出指令，得到相应的服务和帮助，物联网对用户行为的识别为图书馆泛在化服务提供了机会和条件。

第三，用户需求的个性服务。个性化是基于用户需求而提出的新型服务手段，也是各行各业提高服务效能的重要指标，物联网为用户个性化需求注入了动力，也为图书馆个性化服务提供了机遇。物联网被引入图书馆以后，使图书馆具有数字化、网络化和智能化的特征，可以随时查看资源利用情况、捕捉用户信息需求、分析用户行为数据和推送动态数字资源等，为用户打造一个安全、共享、智能化的数字环境，并可激发用户发挥其主观能动性去自我服务、自我管理和自我创新。物联网将图书馆、用户和互联网联为一体，使各种信息透明公开，用户只要有需求，利用互联网发出指令，图书馆就能迅速捕捉到，并以最快方式给予回复，满足用户即时即用的个性化需求服务。

4. 物联网应用于安防保障服务

安全保障工作是所有图书馆都非常重视的一项工作，图书馆安全保障除日常的防火、防盗、防潮和防意外等工作之外，还有数字资源保存、用户信息保密和系统网络保护等安全维护工作，物联网给图书馆安防服务工作提供了保障，它主要应用于楼宇管理、消防报警和数据监控等方面。

第一，楼宇管理系统。智能化的楼宇控制和管理系统已广泛应用于各类图书馆，它利用物联网自动控制功能来代替日常运行维护工作，不但可以减少日常运行工作量，而且可以减少设备失控或损坏，实现全面节能、监控、维护和管理等优势，减少人工干预与自然损耗的概率，它主要包括灯光控制、空调控制、水电控制及安防门禁控制等，为图书馆提供一个合理、高效、节能和舒适的内部环境，保障图书馆日常工作顺利运行。

第二，消防报警系统。消防安全工作是图书馆工作的重中之重，运用物联网技术建设高效、安全、敏感、精准的消防报警系统已成常态，图书馆消防报警系统主要由触发器、火灾报警器和联动输出器及其他辅助器组成，它具有提前预警、感知火情、辨别火势、记录火灾部位和时间等功能，利用声或光通知人员疏散和进行灭火工作，最大限度减少图书馆人、财、物的损失，随着物联网不断升级发展，智能物联网消防报警系统正推动智慧消防进一步发展，图书馆未来的消防保障将得到进一步加强。

第三，数据监控系统。物联网技术将图书馆的实体资源转化为数据资源，并用网络连接起来，实现了图书馆资源的共建共享，但这也意味着数据安全存在很大隐患，图书馆利用物联网技术加强数据监控，是保障数据安全的重要举措，主要包括对资源数据版权保护监控、对用户隐私数据保护监控、对网络病毒攻击监控等，从而为图书馆提供一个安全、可靠的数字运行环境，避免因恶意下载、匿名盗用和非法篡改等行为造成图书馆数据信息损失。随着网络安全技术水平的提升和人们对网络信息安全意识的觉醒，图书馆数据安全工作将做得越来越到位。

第二节　云计算和大数据

云计算和大数据是近年来互联网时代不可或缺的两项技术指标，经过十几年的演变发展，已成为互联网发展的"两翼"，发挥着不可替代的作用。它们犹如一对孪生兄弟，彼此依赖、相互促进，在IT界驰骋，推动着信息社会快速发展，为社会生产和人们生活做出了巨大贡献。

云计算作为一种动态可扩展的计算模式，在资源方面被称为"动态分配的计算机系统资源池"。它集软件、平台和服务于一体，通过虚拟化设备，如服务器、网络、存储及应用等，实现统一管理和按需分配，以共有云、私有云、社区云和混合云等形式部署，进行云存储、云服务和云物联，从而能够节约成本，改变服务方式，提升存储能力，实现远程访问。

大数据是指容量庞大、种类繁多、结构复杂和容易获取的海量数据，它主要产生于人们的现实生活，如社交网络、科学仪器、移动通信、传感数据、医疗及商务数据等。它们拥有潜在的商业价值，通过对大数据进行采集、存储、处理、分析、利用，可以将其隐性价值转变成显性价值，从而推动人类社会的发展。

基于云计算的大数据分析是IT界和工业界的热门词汇，融合了云计算和大数据的技术优势，云计算相当于硬件资源的虚拟化，大数据相当于海量数据的高效处理，它们是静与动的关系，二者相结合，体现出强大的计算能力和数据存储能力，云计算为大数据提供可延展的技术设施，大数据为云计算的建设和运作提供决策支持[1]。因此云计算和大数据的融合可以推动社会向虚拟化和自动化发展，从而促进智慧社会的形成。

一、云计算和大数据的概述

（一）云计算、大数据的起源及发展

1. 云计算的起源及发展

从商业角度来看，云计算就如水、电、气一样，用户只要按需获取就行，而无须考虑后台进行的一系列操作，那是由云平台服务商负责运行研发的。云计算最初由Google公司于2007年提出，并在美国大学校园内一起研发推出，以降低分布式计算成本，实现弹性云计算服务。2008年，中国发行1.0版的基础架构云产品（品高云），这是第一个获得自主知识产权的基础架构云。2009年，美国标准技术研究院（NIST）公布了被业界广泛接受的云计算定义。2010年，美、英、德、日等国家政府机构纷纷关注云计算行动计划。2011年，NIST发布了云计算定义的重新修订版，美国、欧盟、澳洲、日本、新加坡等投入大量资金进行研发，并大力推广云计算在各行业的运用，云计算呈现蓬勃发展之势。经过十多年的发展，云计算已成为IT领域的标配，它易操作、存储量大、无处不在的特点为社会经济发展提供了机会，也为人类发展带来了新机遇。

2. 大数据的起源及发展

相比云计算来说，大数据经历的发展历程更久远，它可以分为萌芽（2000年以前）、突破（2000—2006年）、成熟（2006—2009年）、完善（2010年以后）四个阶段，每个阶段都体现出不同的发展形态，并为社

---

[1] 王正伟. 零距离接触云计算 [M]. 北京: 化学工业出版社, 2016: 105.

会做出了不同贡献。萌芽阶段的大数据仅以单纯的数据记录、读取、保存、增长等简单操作加以关注和利用，人们还没有发现数据的商业价值和科学价值，直到1999年，美国一些计算机专家在《美国计算机协会通讯》上发表了《千兆字节数据集的实时性可视化探索》一文，这是第一篇使用"大数据"这一术语的文章[1]。突破阶段的大数据名词已被确定下来，"系统""网络""演化"等关键词成为这一阶段的热点词，但业界还没形成数据处理系统和数据库架构的共识。2005年，蒂姆·奥莱利（Tim O'Reilly）在《什么是Web 2.0》一文中断言"数据将是下一项技术核心"，Hadoop（分布式系统基础架构）项目的诞生，意味着海量数据的存储和计算问题得到解决，这预示着大数据分析得以实现。成熟阶段的大数据同互联网、信息技术和物联网等一起快速发展，为人们的思维、生活、工作带来了巨大变革，大数据产生、分析、处理及应用技术为社会各界带来了便利，大数据已成为互联网技术行业的流行词汇。完善阶段的大数据随着智能终端、互联网的发展而变得至关重要，其商业价值和科学价值已得到充分体现，大数据成为颠覆各行各业创新的原动力和助推器，各国政要都将大数据提升到国家科技战略地位，数据处理技术成为一门与计算机科学并列的新兴科学技术。

（二）云计算、大数据的定义及特征

1. 云计算的定义及特性

云计算是一种商业计算模式，它将计算任务分布在大量计算构成的资源池上，以满足不同用户的需求，用户根据自身需要选择不同的服务，按需付费，不用去考虑硬件、软件及数据存储等问题[2]。关于云计算的定义至今没有一个确切的说法，业界比较能接受的是NIST于2009年公布，并

[1] 霍雨佳,周若平,钱晖中. 大数据科学［M］. 成都: 电子科技大学出版社, 2017: 3.
[2] 侯莉莎. 云计算与互联网技术［M］. 成都: 电子科技大学出版社, 2017: 3.

于2011年修订的定义"云计算是一种模型，可以实现随时、便捷、按需地从可配置计算资源共享池中获取所需的资源（如网络、服务器、存储、应用程序及服务），资源可快速供给和释放，使管理的工作量和服务提供者的介入降低至最少"[1]。从自身性质来说，云计算相当于物联网的升级，它以互联网为中心，借助事物之间的关联，将事物进行有效联系，从而产生新的功能，通过网络来提供快速且安全的云计算服务与数据存储，让每一个使用互联网的人都可以使用网络上庞大的计算资源与数据资源。从用户使用角度来说，云计算是继计算机、互联网之后一种全新的网络应用技术，它具有很强的延展性和需求性，可以为用户提供不受时空限制的、无限的网络资源，通过云平台、云存储和各种应用服务，用户可以自由上传、存储、获取所需数据资源，而不必关心云的CUP、硬盘、服务器、软件等服务设备，只需通过账号和密码完成虚拟信息的存储和获取。

云计算具有一些典型的优势特征，如按需自取、虚拟化、灵活伸缩性、动态扩展性、低成本高效性等；但也存在一些无法避免的劣势特征，如过度依赖网络连接、安全性无法保证、数据存储容易丢失、应用程序不够完善等。客观辩证地看待云计算，有利于在使用云计算技术时避免一些不必要的损失，提升云计算应用的安全性和效率，为社会生活所服务。

云计算的优势特征主要体现在以下几个方面。（1）按需自取。用户可以单方面根据需求部署服务器或网络去获取资源，而不需要供应商人工参与，通过自助注册或缴费完成对资源的下载、保存和利用。（2）虚拟化。供应商在互联网上提供虚拟资源供用户获取，用户不受地域和时空限制，根据需求可以随时随地到互联网上去获取资源。（3）灵活伸缩性。云计算将许多低配置机器、不同厂商的硬件产品及高性能计算等资源整合

---

[1] 申时凯, 佘玉梅. 基于云计算的大数据处理技术发展与应用[M]. 成都: 电子科技大学出版社, 2018: 1.

到互联网上，形成可分配的资源池，体现出强大的兼容性，这种无边际、超大规模、无缝连接的集群耦合，在满足用户不同时期的需求方面具有灵活伸缩性。（4）动态扩展性。用户可以通过网络自由添加和删减计算资源，通过自主服务来完成对资源的利用，而云计算通过动态扩展算法自动扩展虚拟服务数量，实现其他服务器的有效扩展。（5）低成本高效性。云计算动态资源池解决了用户对硬件设备、存储设备及服务器等的依赖，为用户节约了成本，对提高工作效率和计算操作水平具有积极影响。

云计算的劣势特征主要体现在以下几个方面。（1）过度依赖网络连接。云计算是建立在互联网虚拟空间里的信息支付服务模式，它为用户提供便捷、快速和多样化的数据存储和网络计算服务，它的一切操作都依托互联网上的"云"中心来实现和完成，这使得它离不开网络的支持，一旦没有网络，云计算服务就无法实现，用户也就什么也做不了。（2）安全性无法保证。基于虚拟网络"云"具有开放性和公共获取性，这就使它的安全性无法得到保证，数据存储到云端，如果保存不善，被黑客攻击或破解密码，数据就有可能丢失或被窃取，确保云端数据的安全性一直是IT界攻克的主要难题。（3）数据存储容易丢失。由于云服务商只提供数据存储和计算等服务，对上传于云端的数据不承担保管责任，这使用户存储到云端的数据得不到有效保障，一旦数据丢失，也无法追根溯源，使数据存储存在丢失风险。（4）应用程序不够完善。云服务正处于发展上升期，许多应用程序还在摸索中，许多功能还在应用中不断被开发，相信随着信息技术的发展，它的应用程序将不断完善，未来的发展空间将无限广阔。

2.大数据的定义及特征

大数据是互联网迅猛发展的产物，互联网上拥有数量众多的生产者和发送者，他们每时每刻都在生产制造数据，这些数据包括文字、符号、数字、图片、声音、视频等，数量庞大、难以计算，海量数据以数据集的方式呈井喷式爆发，如何定义这些难以计算的大数据，一直是业界争议的话题。麦肯锡公司是研究大数据的先驱，认为大数据是指大小超出常规的数据库工具获取、存储、管理、分析能力的数据集合。亚马逊的专业大数据专家John Rauser认为，大数据是超过了一台计算机处理能力的数据量[1]。IBM组织认为大数据具有3V特征，即Volume（数据量）、Variety（种类）和Velocity（速度）[2]。百度百科上大数据是指无法在一定时间范围内用常规软件工具进行捕捉、管理和处理的数据集合，是需要新处理模式才能具有更强的决策力、洞察发现力和流程优化能力的海量、高增长率和多样化的信息资产[3]。由此可见，大数据的定义非常宽泛，很难统一，但数量庞大、增长速度快、利用价值无法估量的大数据已被业界广泛认识，开发并利用大数据已成时代所需。

大数据能够被快速采集、处理和分析，并得到有效利用，它具备四大优势特征，即海量的数据规模、快速的数据流转、多样的数据类型和数据价值密度低。（1）海量的数据规模。大数据不仅包括各种设备产生的海量数据，而且包括社会生活、工作中时刻都在产生的动态数据，以及互联网上各种类型的结构化、半结构化数据等，这些数据来源不同、快慢不一、格式各异，数据容量从TB级跃升到了PB级，亟需在数据存储和计算上得到妥善解决。（2）快速的数据流转。智能终端、物联网、移动互联网、社交网络、科学研究等产生爆炸式的大数据，如果这些数据不及时得到处理和解决将转瞬即逝，因为数据时刻更新必然使新数据不断代替旧数据，而数据价值往往隐藏在旧数据中，这就亟需大数据处理技术有足够的效率来处理这些数据，提取有价值的精华数据信息，为社会生产生活

[1] 刘宁, 钟莲, 赵飞. 云计算与大数据的应用 [M]. 北京: 北京工业大学出版社, 2017: 13.

[2] 霍雨佳, 周若平, 钱晖中. 大数据科学 [M]. 成都: 电子科技大学出版社, 2017: 16.

[3] 百度百科. 大数据 [DB/OL]. ttps://baike. baidu. com/item/%E5%A4%A7%E6%95%B0%E6%8D%AE/1356941? fr=Aladdin.

服务。（3）多样的数据类型。数据来源的复杂，使得大数据类型各种各样，它不仅包含传统关系型数据，还包含来自网页、互联网日志文件、搜索索引、社交媒体论坛、电子邮件、文档、主动和被动系统的传感数据等原始、半结构和非结构化数据[1]，这对数据处理能力提出了更高的要求。（4）数据价值密度低。大数据虽然数量庞大，但利用价值却很低，这也为用户利用数据带来了困扰，如何从庞大的数据集中剥离出有利用价值的数据是大数据科学家致力研究的重要课题，通过大数据分析、处理和利用，可以创新商业模式、提供精准服务、助力智慧城市建设。因此，通过对大数据特征的了解，可以利用大数据多源性、实时性和不确定性，来认识、预测和评估事物发展规律，让大数据在企业、交通、医疗和居家等领域发挥重要作用。

（三）云计算与大数据的关系

云计算和大数据都是互联网发展到一定阶段的产物，二者关系密切、相辅相成，助力信息社会不断向前发展。当大数据处于爆发式增长时，就亟需云计算高效存储和计算来进行大数据处理，使杂乱无章的大数据通过分析、提炼和归类等，从低密度价值转化为高价值利用，实现强大的网络服务。大数据为云计算提供了应用场景，而云计算则为大数据提供了快速、高效、节能的数据处理技术，其灵活伸缩性和动态扩展性可为海量数据提供无边际的计算和存储服务。因此，大数据是云计算的延伸，云计算与大数据相互结合，实现资源共享，可以在最大限度上发挥双方的优势[2]。

当前，云计算与大数据的结合已成为社会生活常态，它们广泛应用于政务、商业、教育和医疗中，带给人们便利的同时，也不断提高生产效

---

[1] 霍雨佳, 周若平, 钱晖中. 大数据科学 [M]. 成都: 电子科技大学出版社, 2017: 16.

[2] 郭军. 大数据与云计算的关系及其对通信行业的影响 [J]. 中外企业家, 2019 (25): 50.

率。（1）基于云计算的政务大数据。此类技术为各级政府、公共事业，以及大型国有企业提供政务服务、政务公开、数据共享和交换、舆情洞察、区域经济态势感知等服务，通过网络代替现场办公，高效快捷地解决民生服务、民事监督和民权使用等问题，并利用大数据分析，为政府提供网络舆情管理、科学精准决策和应急预案处理等解决方案，以提升政务管理和服务整体水平。（2）基于云计算的商业大数据。海量大数据中蕴含着许多有价值的商机，通过云计算处理的商业大数据不但可以为商家提供精准的营销服务，而且可以缩短生产者与消费者之间的空间距离，实现彼此的互动联系，大数据时代创新了商业模式，企业不再盲目生产产品，而是通过大数据分析来了解用户的购买习惯、经济能力、消费需求等信息，有计划、有目标地组织生产，并根据用户消费行为的大数据分析，预测未来消费量和生产方向，不但节约大量的推广费用，而且有的放矢地进行生产销售，在控制成本、节约资源、提高利润等方面得到落实。（3）基于云计算的教育大数据。2020年初，受新冠肺炎疫情影响，全国各级各类学校全面停课，在教育部停课不停学的号召下，各类学校开展网课教学，基于云计算的智慧教育平台得到广泛运用，这些平台要在同一时段容纳上千名学生同时进行操作，离不开大数据和云计算的技术支持，正是有了云计算和大数据的完美结合，学校才能把诸如Word、PPT、PDF、图片、音频、视频等不同格式的文件进行上传，老师才可以随时监管学生的学习动态，这种特殊时期智慧教育模式展现出现代信息科技的卓越发展。（4）基于云计算的医疗大数据。电子病历和居民健康档案是医疗和公共卫生必备的基本资料，涉及的医疗大数据随着时间推移增长更加迅速，为了更有效地利用这些大数据，形成规范、全面、便捷的医疗信息管理和服务体系，可以通过云计算处理得以实现。医生可以将患者的电子健康档案上传至云端服务器，既可以实现对患者随时随地监控，也可以进行远程诊疗，利用远程网络和诊断设备实现患者原地就医，避免奔波劳累，还可以解决偏远地区医院医疗物资匮乏的难题，让每个人都享受到公平、便捷、协作的健康服务。

总之，云计算与大数据的结合是信息社会发展的福祉，对推动各行各业信息化产业的发展起了很大作用，无论是电商销售，还是云平台支付，每天都有海量数据被快速检索、计算、分析、交换和应用，云计算和大数据带给大家的不仅是便捷的社会生活方式，更多的是改变社会经济的生产方式，在推动人类文明进步方面起到了举足轻重的作用。

（四）云计算、大数据的应用价值及意义

当前，云计算广泛运用于社会生活，给社会带来了很大的改变，如亚马逊的弹性计算云、IBM蓝云云计算平台、中国阿里云、微软Azure智能云等，都是云计算的经典应用，以下分别做简单介绍。（1）亚马逊的弹性计算云是针对亚马逊公司作为互联网上最大的在线零售商而提出的远程解决方案，它将弹性计算云建立在公司内部大规模集群计算平台上，用户通过互联网界面去付费操作所需服务，公司利用运行计费方式收取费用，每一个用户拥有一个运行的虚拟机，这些虚拟机不是独立存在的，而是通过网络连接的，使用户在不同应用程序间可以实现通信，这种服务具备开放性和灵活性的优势，可以减少对集群系统的维护成本，并通过简单的收费方式，实现用户按需付费。（2）IBM蓝云云计算平台是一款"即买即用"的云计算平台，它通过架构一个分布式、可全球访问的资源结构，使数据中心在互联网环境下进行运行计算，其最大优势是拥有虚拟化技术和存储体系结构，能够灵活弹性地进行数据计算和交换，该平台的蓝云计划可以帮助用户在云计算环境下搭建一个分布式、可全球访问的资源结构，并有效融入云环境中。（3）中国阿里云是全球卓越的云计算技术和服务提供商，服务范围涵盖两百多个国家和地区，它致力于为政府、企业等提供安

全、可靠的计算和数据处理能力，为万物互联提供新能源，它提供的服务主要包括底层技术平台、弹性计算、云数据库、存储、网络、大规模计算、云盾、管理与监控及日志、搜索、转码之类的应用服务和万网服务，经过多年发展，阿里云服务的政府、企业用户已超过百万，涵盖领域也越来越广泛，已成为驱动创新发展的新动力。（4）微软Azure智能云是微软基于云计算的操作系统，为云计算开发者提供一个在云服务器、数据中心、网络和客户端可运行的应用程序平台，其开放性和互操作性可以为开发者提供最优在线复杂解决方案，它主要包含网站、虚拟机、云服务、移动应用服务、大数据支持以及媒体等功能的支持，是云计算开发者不可多得的、具有工匠精神的、能保证服务质量的云服务商[1]。

大数据是近年来越来越走高的IT名词，我们生活中处处都离不开大数据，如淘宝购物、人脸识别、物流追踪等，大数据渗透进各行各业，已成为可以和物质资产和人力资本相匹配的生产要素，未来大数据将成为商业竞争、生产效率和创新能力的重要衡量依据，谁掌握了大数据、谁充分利用了大数据，谁就掌握了市场先机，并能将大数据转化为生产力，谁就能成为行业的领军人物。首先，大数据在电商中的应用。网上购物已成为人们日常生活习惯，电商使用大数据，可以做到精准营销，根据用户在网上浏览记录、购物记录、检索记录等痕迹大数据，分析出用户的偏好、习惯、需求，并通过大数据自动推送，将最能吸引用户注意力的商品推荐给他，并在用户下单后，以最快速度送达到货，这种基于用户消费习惯的大数据分析与预测，是电商行业蓬勃发展的根基。其次，大数据在人脸识别中的应用。人脸识别是基于人的脸部特征信息进行身份识别的一种生物识别技术，它广泛应用于银行、证券、金融社保、交通、教育、电子商

---

[1] 吕云翔. 云计算与大数据技术 [M]. 北京: 清华大学出版社, 2018: 38-52.

务、高考、机场、地铁等场所，利用大数据的收集、存储、识别、对比等功能，提取人脸的主要大数据特征点，人脸大数据特征点越多，识别的精度也越高，将所有特征点集合在一起，形成一个新的特征点集，即人脸识别。最后，大数据应用于物流追踪。电商带动了物流业的发展，大数据也被广泛应用于物流环节，当商家发出商品时，商品就形成了物流大数据，用户可以通过大数据查询跟踪商品的去向，百度地图、高德地图大数据定位，随时为用户提供动态查询服务，协助物流完成日常投递工作，物流是大数据应用最频繁的行业，也是最能体现大数据优势的新兴行业。

由此可见，云计算和大数据已广泛应用于社会生产生活中，它们为社会生产力的发展做出了极大贡献，随着信息科学技术的发展，云计算和大数据除了应用于人们日常生活中，还更多应用于高精端科技领域，如航空航天、卫星发射、核弹实验等领域，已展现出不可替代的社会地位和价值，未来是科技的世界，谁能运用好科技武器，谁就能立于不败之地。

二、云计算、大数据与"互联网+图书馆"

（一）云计算和"互联网+图书馆"的关系

云计算是基于互联网的一种计算存储模式，它应用于图书馆中，就形成了云图书馆。云图书馆是指数字图书馆作为一种网络社会基本服务，在云计算技术支持下，以泛在网络平台为依托而成为一种基于信息与知识应用的社会基础设施，它是一朵无处不在的图书馆服务云[1]。云图书馆促使数字图书馆由静态走向动态、由封闭走向开放，扩大了图书馆数字资源的使用范围，盘活了图书馆数字资源利用效率，成功促进了数字图书馆向

---

[1] 薛海波，梁爱东，何开云. 云计算图书馆探析［J］. 信息系统工程，2013（7）：16-18.

"互联网+图书馆"的升级。

云图书馆主要通过个人电脑网络、手机移动网络、电视网络及其他设备网络实现数字图书馆的云服务，这种云服务具有很强的灵活性和便利性，能够不受时空限制，为用户提供动态信息资源存取服务，不但可以节约图书馆物理空间，降低图书馆投入成本，而且能够提升用户体验感，让用户足不出户就可以借阅到图书馆资料。与实体图书馆相比，云图书馆具备更高效的服务手段和更便捷的服务环境，它对图书馆馆员的要求也更高，需要图书馆馆员依托"云"而非实体图书馆为用户提供服务，这就要求图书馆馆员除具备专业的图书馆知识外，还要懂一些信息技术知识，通过网络来完成服务。云图书馆除提升用户体验感外，还有助于图书馆公共云的实现，就是将不同云图书馆融合在一起，组成一个公共云，任何用户都可以通过公共云来获取资料，而不仅仅局限在本地云图书馆，公共云图书馆消除了信息、知识和业务孤岛，解决了数字鸿沟问题，实现了多层级、跨部门、跨区域的公共云服务，为实现全社会公共文化均等化服务提供了保障。

（二）大数据和"互联网+图书馆"的关系

互联网、社交媒体、物联网、智能终端等无时无刻不在产生数据，人与人、人与机器、机器与机器之间也无时无刻不在产生数据，这就使大数据呈爆发式增长，图书馆的大数据增长也不例外，除常规馆藏资源数据、师生信息数据、借阅检索数据外，还有微信、微博、手机图书馆等每天产生的互动交流数据、咨询评论数据及下载转发数据等，大数据为图书馆带来了挑战和机遇，"互联网+图书馆"为大数据的全面采集、深度挖掘、高效存储和精准推广提供了解决途径，为图书馆创新服务带来了新希望。

"互联网+图书馆"借助大数据体量大、种类多、流转快等优势，可以对大数据进行收集、分类、整理，提炼出有价值的数据信息，通过分析这些数据特征，找出其规律性，并根据图书馆实际情况加以利用，如通过统计用户检索、借阅、点击和活动轨迹的数据分析，找出用户的阅读兴趣点，制定精准有效的推广策略，适时为用户提供感兴趣的话题或书目推荐。大数据应用于"互联网+图书馆"改变了图书馆服务理念，使图书馆不再局限在资源服务范围，而是拓展到以用户需求为目标，图书馆主动收集用户数据，从海量的数据资源中挖掘有价值的数据，将这些数据加工整理，剔除无用信息，将最精华和最精准的数据发送给用户，减少用户面对海量数据茫然无措的境地，提升用户利用大数据的信心和体验感。大数据应用于"互联网+图书馆"还可以解决日益增长的数据存储问题，海量数据只有放到无边无际的网络空间里，才不会出现数据拥堵和存储设备有限的问题，也不用担心数据爆炸问题，因为互联网就是一个无限延展的存储空间，它可以解决图书馆海量数据无限增长的烦恼。总之，大数据在"互联网+图书馆"中的应用将越来越受欢迎，它带给图书馆的不仅仅是思维模式的改变，更是切切实实的服务盈利，为图书馆提供了更宽广的发展思路。

（三）云计算、大数据在"互联网+图书馆"的应用场景

当前，大数据和云计算的应用在电商（淘宝、京东、苏宁易购、拼多多），新闻媒体（今日头条、趣头条、腾讯新闻），短视频（抖音、快手、bilibili）等场景中已见惯不惊，当用户对某一项商品、新闻或视频感兴趣时，类似的图片、文字或视频就会自动跳出来，无须用户自己去查找，这种精准推广和精确定位正是大数据和云计算相结合而共同作用的结果，用户也能亲身感受到新技术带来的便捷与高效。当来到一个陌生城市，只要用百度地图搜索导航一下，就可以到达想去的任何地方；当看到一个稀奇物品，只要手机扫一扫或拍一拍就能了解它的性质和特征；当碰到一件烦心事，只要用搜索引擎工具查一下，就能找到解决的方法和途径，这一切都交由大数据和云计算去处理，用户只需要结果，不必去考虑过程。

云计算和大数据应用于"互联网+图书馆"改变了整个图书馆的服务模式，当图书馆有限的物理场所和硬件设备满足不了日益增长的图书资源和数据信息时，唯有云计算能解决图书馆数字资源的仓储问题，将纸质文献数字化后上传至云端存储，通过指令随取随用，不但可以减少物理仓储空间，而且可以提高资源利用效率。目前，基于"互联网+图书馆"打造的智慧校园平台，通过建设一套全新开放式集存储、借阅、管理、服务于一体的智慧平台，可以实现文献资源的通借通还、电子资源的共建共享和信息资源的转载发布，它将各类大数据存储到云端，进行统一的汇总、处理、分析，构建教师、学生和管理者融为一体的服务平台，实现各业务系统之间、软硬件之间的互联互通和数据交换，使用户使用更简单、师生和校园的融合更紧密，更有利于提升科研教学水平。面向云计算的大数据知识服务情景化推荐是图书馆运用云计算和大数据技术的另一个应用场景，它是将用户情景信息引入个性化推荐过程，结合云计算技术提出的一种大数据知识服务方法，通过计算大数据知识服务用户的情景相似度，构造与目标用户当前情景相似的情景集合，建立基于项目评分情景的评分矩阵，从而实现云计算情景化推荐[1]。由此可见，云计算与大数据在"互联网+图书馆"中的应用已初见成效，随着信息技术的发展，图书馆应根据时代变革和社会需要不断调整服务方式，将新技术应用于服务实践中，为社会做出更大贡献。

---

[1] 刘海鸥. 面向云计算的大数据知识服务情景化推荐 [J]. 图书馆建设, 2014 (7)：31-35.

第三节 人工智能和5G技术

人工智能（AI）和5G技术是数据经济、社会网络和智能生活发展到一定阶段的产物，完美结合了互联网与移动通信的优势，将引领人类社会迈入无人化、智能化和场景化的智慧环境。从信息社会发展阶段来看，如果说数字化和物联网是信息社会发展的基础阶段，大数据和云计算是信息社会发展的提速阶段，那人工智能和5G技术则是信息社会发展的飞跃阶段，将人类社会推向了第四次产业革命。未来，人工智能和5G技术将重塑社会服务结构，构建全面感知、全面智能和广泛互联的智慧服务体系将是未来的目标和方向。"AI+5G"将带给人类颠覆性的改变，将促使人类社会向无人化、自动化和智能化的智慧社会迈进。

人工智能是一门结合数学、计算机、心理学等许多学科理论发展起来的新技术，研究人工智能的目标是让计算机模拟人的行为，代替人去思考、工作[1]。人工智能可分为弱人工智能、强人工智能和超人工智能，我们目前处于弱人工智能阶段，它只擅长某一方面的工作，并由计算机程序进行控制，如扫地机器人、预约电饭煲等，只会按部就班地按人类所设定的程序进行工作。2016年Google公司研发的围棋人工智能程序"阿尔法狗"（AlphaGo）击败世界围棋冠军李世石，被认为是人工智能发展史上的里程碑事件，2017年依靠深度学习成长起来的2.0版本的"阿尔法狗"再次击败世界天才围棋冠军柯洁，迎来了人工智能应用发展新元年，掀起了人工智能应用新浪潮，世界各国政府纷纷出台政策支持人工智能研发，中

---

[1] 林崇德. 中国少年儿童百科全书: 科学·技术（经典版）[M]. 杭州: 浙江教育出版社, 2017: 130.

国政府也敏锐地捕捉到这一世界发展潮流，在政府工作报告中一次比一次更加强调将人工智能作为未来科技发展制高点，将人工智能上升为国家意志。由此可见，人工智能正以势不可当的态势进入人类社会，它的发展前景无限广阔且意义非凡，成为人类生存与发展面临的巨大挑战。

5G技术是第五代移动通信技术的简称，是继第四代移动通信技术之后延伸出来的最新一代蜂窝移动通信技术，它具有高数据速率、减少延迟、节省能源、降低成本、提高系统容量和大规模设备连接等性能，将为人工智能、机器学习、视频互动等高速发展提供技术支持，对人们的社会生活、教育文化、消费娱乐和社交方式带来智慧化的改变。5G技术是由2G（文字信息传输）→3G（文字+语音通话）→4G（文字+语音通话+上网+视频）发展起来的，它的通信速度更快、带宽更大、可靠性更高，可以和任何设备接入，其虚拟/增强现实、超高清视频、智能场馆及区域联盟协同服务等新技术应用场景将支撑各行各业创新发展。5G技术的应用将打造一个数据化、物联化、智能化的万物互联、人机共生时代，将在科技、文化、教育、医疗等各个领域发挥积极作用，推动社会生活向高质量和高品质的方向发展。

一、人工智能和5G技术的概述

自2017年7月国务院颁布《新一代人工智能发展规划》之后，我国人工智能就确立了"三步走"的战略目标：争取在2020年，让人工智能技术与世界先进水平一致，其产业成为新的经济增长点；在2025年，让人工智能成为带动我国产业升级和经济转型的主要动力；在2030年，让人工智能理论、技术与应用总体达到世界先进水平[1]。人工智能技术以其独特的魅

---

[1]　杨爱喜,卜向红,严家祥.人工智能时代:未来已来[M].北京:人民邮电出版社,2018:2.

力吸引了各国政要的注意，在全球科技竞争愈演愈烈的背景下，已上升为国家意志，成为各国抢占先机的目标之一，它将变革人类社会和改变人们的生活方式，并包含着许多不确定因素，正期待着人们去揭开它神秘的面纱。

（一）人工智能的定义及特征

所谓人工智能（简称AI），是指研究、开发用于模拟、延伸和扩展人的智能的理论、方法、技术及应用系统的一门新的技术科学[1]。其中，弱人工智能是指应用型人工智能，只专注于且只能解决某特定领域问题的人工智能。它相当于人类的某种工具，容易管控和处理，在工程管理、安全监控和医疗手术等方面大量应用，为人类减少劳动负担和危险系数，同其他使用工具一样，对人类造不成任何威胁。强人工智能是指可以胜任人类所有工作的人工智能，它具备人的特质或能力，如认知、规划、学习、语言及推理等能力，能够代替人类的所有工作，从某种程度上说它解放了人类，可以让人从劳动中解脱出来去做自己喜欢的事情，但也意味着人工智能具有了独立思考能力，它能否再受人类控制，这还是一个谜。超人工智能是指那种比世界上最聪明、最有天赋的人类还聪明的人工智能系统，在科学创造、智慧和社交能力等方面都强于人类大脑的智能机器人，很难预料这类人工智能是为人类带来福利还是灾难？也许未来某一天，当超人工智能不再受人类控制而变得比人类更强大时，那社会将不是人类的，而是机器人的社会了[2]。

目前我们所了解的人工智能主要是基于大数据处理的新一代人工智能技术，它呈现出深度学习、跨界融合、人机协同、群智开放和自主智能等新特点，具有全知全能、见微知著的功能。人工智能的深度学习可以从

[1] 储节旺, 陈梦蕾. 人工智能驱动图书馆变革 [J]. 大学图书馆学报, 2019, 37 (4)：5-13.
[2] 李开复, 王咏刚. 人工智能 [M]. 北京：文化发展出版社, 2017: 112-116.

知识表达层面上升到大数据驱动的知识学习层面，能够通过对海量大数据的浏览、计算和筛选，提炼出最精准的数据信息进行深度学习，从而找出问题的解决方案；跨界融合是指通过跨界面或环境，与相关学科如基础科学、信息科学、医学、哲学社会科学及心理学等进行交叉融合，形成人工智能领域学科布局，从而深化认知、学习、推理能力；人机协同是制造一种像人一样聪明的机器，即人造机器，该机器能够"达到甚至超过人类技工水平"，在各领域去代替人的工作，去自主适应环境变化，从而减少人力投入，提升生产效率；群智开放指发挥群体智慧力量，利用互联网和大数据将个体智能转化为群体智能，集聚众多人类智慧，攻克技术难关；自主智能是指主动感知、自主决策、自我执行能力，这是人工智能高级阶段的体现形式，主要应用于机器人、无人车、无人机、无人艇等自主智能无人装置系统。由此可见，新一代人工智能技术具有独特的性能特征，它将与智慧城市建设同步发展，在交通、安全、医疗、制造、智能社区等领域融入发展，引领各行业链式突破，推动经济社会从数字化、网络化向智能化加速跃进[1]。

（二）5G技术的定义及特征

5G技术是近年来最热门的移动通信技术词汇，它被誉为"数字经济新引擎"，是4G技术以后的一个全新升级，已不仅仅是一项技术，而是影响人类进步和社会发展的一支重要力量，它给社会带来能力和效率的提升，给经济、文化和网络安全带来挑战，给传统行业和制造业带来深远影响[2]。所谓5G，即第五代移动通信技术，指超高传输率、低延时、支持大规模、高密度、高速度设备连接并具有高可靠性的新一代蜂窝移动通信技

---

[1] 新一代人工智能具有五大特点 [EB/OL]. 国新网，（2017-07-24）[2020-09-30]. http://www. most. gov. cn/xinwzx/xwzx/twzb/fbh17072101/twzbzbzy/201707/t20170724_134187. htm.

[2] 项立刚. 5G时代 [M]. 北京：中国人民大学出版社，2019：2.

术[1]。5G技术已不单单用于支撑手机通信，而是为新型网络架构和智慧组网提供可能，5G网络已突破有线互联网、Wi-Fi的网络局限，朝着网络多元化、宽带化、综合化、智能化方向发展，它将减少区域覆盖面积，增加低功率节点数，打造泛在化网络覆盖，未来人们无论到哪里，都不愁找不到网络信号，5G微基站克服了宏基站缺陷，将末梢信号延伸到世间的每个角落，任何时间、任何地点都可以找到网络信号。

5G技术不仅拥有三大场景，还具备四大基本特征，让用户体验到更快速度、更高效率和更低成本的网络通信技术。它的三大场景是指在什么地方使用该项技术，即eMBB（增强型移动宽带）、mMTC（海量机器类通信）、uRLLC（超高可靠低时延通信），这三大场景基本可以满足用户对带宽、速度和成本的需求，克服4G网络缺陷，并能将通信技术提升到新阶段。它具有的四大基本特征包括高速度、泛在化、低功耗、低时延。5G的高速度不仅仅可以支持更多设备接入，而且可以促进视频业务的发展，催生大量的短视频业务拍摄和制作，也可以加速各类视频会议、现场直播、远程教学和远程医疗等业务的开展和实践；5G的泛在化使网络无处不在、无时不在，这种泛在指广泛覆盖和纵深覆盖，即只要人类能到达的地方都能被覆盖，只要有网络覆盖的地方都能深度覆盖，这样就不会出现偏僻的地方没有网络或有地方网络但信号不好的情况，使使用户体验更方便和更舒适；5G的低功耗相当于降低智能设备的耗电量、延长待机时间、减少充电次数，让电量保持充足，这样能改善用户体验，不用为能源消耗费时费神；5G的低时延是针对无人驾驶、工业自动化等场景来说的，是为了达到精准控制和及时通信的目的，对于高速行驶或运行的无人设备来说，当中央控制中心发出命令，如果和它相连的机器不能及时精准地得到信息，那

---

[1] 刘炜，陈晨，张磊.5G与智慧图书馆建设[J].中国图书馆学报，2019，45（5）：42-50.

后果是无法想象的，比如无人驾驶汽车或飞机，当遇到障碍物需要及时刹车，但因为信息传递太慢或不准确，造成无法刹车或误操作，将会引发重大交通事故，5G低时延将避免这种情况的发生，它将为车联网、无人驾驶、工业控制等提供服务和保障。总之，5G技术将打造一个万物互联、人机共生的5G时代，届时人类将进入一个把移动互联、智能感应、大数据、智能学习整合起来的智能互联网时代，并构建起一个低成本、高效率的社会运作体系。而5G网络将作为公共网络，在为人们的生活带来便利的同时，将提升社会管理和社会公共服务能力。

（三）人工智能、5G技术的应用价值及意义

人工智能已成为全球热点，处于第四次科技革命的核心地位，对人工智能的竞争意味着一个国家未来综合国力的竞争。美国政府为追求所谓的绝对优势和绝对安全，采取强有力措施来推动人工智能发展，相继推出了《为人工智能的未来做准备》《国家人工智能研究和发展战略计划》《人工智能、自动化与解决》的报告，拓展人工智能向纵深领域发展；日本政府高度重视人工智能，并期待其能在金融、医疗、交通等众多领域得到应用，相继颁布了《机器人新战略》《人工智能技术战略》；中国在核心技术和核心零部件方面还很欠缺，处于跟踪发展阶段，但中国政府已高度重视人工智能发展，于2017年宣布了人工智能发展规划，即到2030年，中国将成为全球人工智能的研发中心，并相继出台了《中国制造2050》《"十三五"国家科技创新规划》《新一代人工智能发展规划》等相关政策，力图推动人工智能在各个领域的研发、实践和创新[1]。由此可见，人工智能在各国已受到高度重视，谁掌握了人工智能这个先机，谁就占领了获胜高地，谁就拥有国际话语权。

近年来，中国的人工智能应用很广，国家出台了五个人工智能创新

---

[1] 王勇旗. "5G+AI" 应用场景：个人数据保护面临的新挑战及其应对 [J]. 图书馆，2019（12）：7-15.

平台：自然语言处理、语音识别、计算机视觉、专家系统和智能机器人。
自然语言处理是指研制能有效地实现自然语言通信的计算机系统，实现人
与计算机之间用自然语言进行有效通信，它将计算机科学、人工智能、语
言学等学科进行融合，实现计算机和人类（自然）语言之间的相互作用，
在多语言翻译、虚拟个人助理及智能病例处理方面发挥着重要作用。语音
识别是指与计算机进行语音交流，让计算机明白用户在说什么，例如：百
度地图依靠人工智能技术和大数据，可以用语音录入代替打字，给开车的
人提供路程导航；智能医院可以通过智能语音交互的知识问答和病历查
询，轻松解决不能活动只能说话的病人的困境；语音测评软件能够实现一
对一口语辅导，解决哑巴英语的问题；等等。计算机视觉是指用摄影机和
电脑代替人眼对目标进行识别、跟踪和测量等机器视觉，并进一步做图形
处理，使电脑处理成为更适合人眼观察或传送给仪器检测的图像，如智能
安防和人脸识别等。专家系统是指计算机根据某领域一个或多个专家提供
的知识和经验，进行推理和判断，模拟人类专家解决复杂问题，如无人驾
驶、天气预报及城市交通、能源、供水系统等。智能机器人是指具备各种
各样内部信息传感器和外部信息传感器的机器人，它具有视、听、触、嗅
等感受器，并通过效应器感受环境的变化做出应对措施，在人类指挥下自
动执行任务，协助完成诸如生产业、建筑业、制造业中危险的工作[1]。人
工智能除在以上几个行业广泛应用之外，还大量用于科技、金融、农业、
医疗、交通及零售等领域，不仅为社会经济做出卓越贡献，还为人类发展
提供智力支持。

　　人工智能的蓄意待发和互联网普及率的逐年增高，都迫切需要终端处
理能力和网络传输能力的提升，移动通信技术1G 解决了模拟通信，2G 解
决了数字通信，3G和4G解决了移动无线通信，而5G则将构筑一个万物互
联的社会。5G网络技术不仅可以缓解超大规模的数据存储和传输压力，而

---

[1] 树心怀. 人工智能在生活中的应用都有哪些？［EB/OL］.（2020-04-09）［2020-09-30］. http://
www. 360doc. com/content/20/0409/15/14269923_904861307. shtml.

且能够支持大量人群场景下的网络联结和移动支付，为人们带来更为便捷的互动方式，如2019年的两会，中国移动为央视提供了5G高清直播，而春节联欢晚会，快手和微视两款短视频则采用视频红包的形式分享视频，让观众参与互动，这都体现出了5G网络为用户提供高清、流畅的视频体验。5G技术能够提供更快的反应速度、更智能的应用模式、更直观的视频内容以及更优质的用户体验，它是促进人工智能发展的新动力，其超高速率、超低时延、超大连接的网络功能将改变人们的生产生活方式，促进社会生产力快速发展。

5G时代的到来，突破人际传播媒体的范畴，实现人与物之间以及物与物之间的互联，使车联网、物联网、智慧城市、无人机网络等人类需求得到释放，使工业、医疗、安全等广大的生产和服务更加人性化[1]。它具有良好的商业价值和社会价值，不仅能应用于3D和超高清视频、云办公和游戏、工业自动化、自动驾驶等商业领域，而且能应用于智能家居、短视频传媒、视频会议直播及远程诊疗等生活领域。5G将加速传媒业、出版业和文化产业的变革和发展，短视频将成为新兴媒体，传播内容变得更复杂，表达方式变得更直观，获取信息变得更便捷，用户需求变得更个性。5G不仅关系到市场竞争，而且关系到国际标准，哪个国家拥有5G标准的发言权，就意味着占有市场先机，它不仅仅是一个国家国力的象征，也是关系到国家安全的重要因素。当今世界，英美等发达国家始终在提防着中国5G技术的发展，将中国视为竞争对手，害怕本国的5G技术被中国赶超，而中国在复杂的国际竞争环境中，唯有坚持独立自主的研发能力，才能力排重难、独树一帜，在维护好自身数据和技术安全的前提下，不断开拓创新。

总之，"AI+5G"将推动互联网进入一个新时代，为各种新兴产业助

---

[1] 人民论坛"特别策划"组. 1G到5G及其时代变迁[J]. 人民论坛, 2019（11）：10-11.

力，二者相互交融、相互成就，AI将赋予机器人智慧，让5G更灵活、高效地被利用，而5G将万物互联，让AI技术优势得到最大化发挥，二者结合将开启人类智慧社会新征程，为人类社会带来美好生活。

二、人工智能、5G技术与"互联网+图书馆"

（一）人工智能和"互联网+图书馆"的关系

近年来，人工智能所依赖的大数据、运算力和深度学习获得了长足进步，这为人工智能的实践应用提供了基础。图书馆作为一个人员密集、劳动强度大、业务涉及面广的单位，亟需人工智能的助力，互联网发展为人工智能在图书馆的应用提供了条件，人工智能将重构图书馆结构，在基础设施、技术驱动和应用场景等方面提供虚拟、智能和精准化服务，人工智能应用于"互联网+图书馆"将打造一个智能互联图书馆，机器人将代替人工进行服务，服务流程将变得智能自动，无馆员图书馆将成为未来趋势。一个新兴的无人化、数字化、场景化、个性化和智能化的图书馆将呈现在用户面前[1]。

"互联网+图书馆"与人工智能相结合，将变成一个万物感知、万物互联和万物智能的大智能图书馆，"互联网+"赋予图书馆连接一切的功能，人工智能赋予图书馆万物智能的功能，二者结合将突破以往简单的互联互通，升级成智慧图书馆，届时图书馆将实现虚拟现实的全息场景，无论是沉浸式体验，还是瞬间信息捕捉，人工智能都将提供自动化的服务技术、多样化的服务路径、智能化的服务数据、共享化的服务资源和智敏化的服务管理。人工智能所具有的"虚拟现实"和"智能感知"等核

---

[1]　储节旺，陈梦蕾.人工智能驱动图书馆变革［J］.大学图书馆学报，2019，37（4）：5-13.

心技术为"互联网+图书馆"提供智能体验和智慧服务，满足用户深度学习、数据挖掘及网络爬虫等知识需求服务。"互联网+图书馆"将依托人工智能技术构建起大智能图书馆。首先，在资源共享中汇集公众智能，即利用人工智能拓展知识服务类型、提升知识服务质量，并让用户享用知识的同时，衍生出新的知识产品，服务更多用户群体。其次，在知识服务中肩负社会责任，人工智能提升图书馆智慧服务能力，也为图书馆拓展社会业务提供了可能，通过嵌入式学科服务、情报数据服务及知识资源智库服务等，强化图书馆服务功能，提升图书馆服务能力。最后，在需求发现中推动管理优化，图书馆不断根据用户渐进式需求，优化自身智能化服务环境，在认知需求和知识服务中寻求最有效的智能管理手段，不断升级服务层次和创新服务理念，必将推动图书馆向智慧共同体方向不断发展[1]。

（二）5G技术和"互联网+图书馆"的关系

5G是智慧时代的一项重要支撑技术，为"互联网+图书馆"提供基础性服务，在感知、传输和计算方面为图书馆提供高速度的传输率、泛在化的网络连接、低功耗的成本投入和低时延的信息传递等，使图书馆在超高速多媒体应用、智能楼宇空间服务和增强现实场景等方面得以实现。5G开启了万物泛联、人机交互的新时代，使虚拟现实出版、短视频创作、超高清传递和智慧场馆等图书馆业务变得更加智慧，不但可以满足用户智能化、高效化的信息需求，而且可以为用户提供跨终端、多场景的沉浸式体验，并降低优质内容获取的难度和终端成本，让图书馆由实体服务转变成真正的虚拟服务，适应用户不断变化的信息感知与知识获取需求，实现文献、信息和数据的实时智能服务。

"互联网+图书馆"为5G技术的应用提供了机会和条件，以4G为基础

---

[1] 覃玮境, 向立文, 左逸群. 融合与重构: AI技术驱动下智慧图书馆服务逻辑与路径[J]. 图书馆工作与研究, 2019（3）: 29-33.

的移动互联网技术已能满足RFID传感、人脸识别、智能定位和适时推送等服务，但基于5G技术的无感借阅、超清影视、智慧场馆、云课堂、智慧阅读及区域协同服务等还有待突破。5G的到来，意味着用户网络停留时间更长、碎片化阅读更多、媒体社交更频繁，这也意味"互联网+图书馆"不能仅仅停留在数字网络服务方面，要更多考虑提升用户阅读体验服务方面，给予用户一个全方位、立体式和沉浸式的智慧虚拟图书馆，里面犹如一个应有尽有的真实图书馆，用户本人虽不在图书馆，但已使用到图书馆提供的资源、设备和智力服务。"互联网+图书馆"与5G相结合将是图书馆发展的一个飞跃阶段，届时图书馆资源体系将以文字、图片、声、光、电、音、影等场景的虚拟形态体现，调动用户所有的感官去体验图书馆的无穷魅力；开放、自由和便携式的体验设备将用户带入虚拟场馆去感受丰富多彩的知识世界；机器学习、知识图谱和可视化设备将为用户提供智慧感知、智慧获取和智慧分享，协助用户创造出更多的知识产品。

总之，AI和5G技术双核驱动着"互联网+图书馆"的发展，促使"互联网+图书馆"由万人互联向万物互联迈进，它们犹如两把"钥匙"，AI是催化剂、5G是驱动器，二者开启了"互联网+图书馆"发展新阶段，构建起新一代图书馆服务平台，驱动着图书馆服务的创新变革、交互服务、智能服务、智慧服务将成为图书馆服务新常态。"AI+5G"构建的人机协同服务新模式将为图书馆带来能量倍增的效力，各种新场域、新技术和新应用将成为图书馆追逐的新目标和新动力。

（三）人工智能、5G技术在"互联网+图书馆"的应用场景

"AI+5G"对图书馆来说是比互联网、大数据和云计算更深层次的服务技术，它推动着"互联网+图书馆"向更智慧化的方向发展，构建融资源、空间、用户为一体的"互联网+图书馆"新型平台。"AI+5G"为图书馆带来颠覆性的创新，其全面智能、全面感知和广泛互联的特征将开拓

智慧图书馆创新之路，应用场景主要体现在以下几个方面。

1.虚拟和增强现实的阅读场景

"AI+5G"最重要的呈现方式就是虚拟和增强现实技术，它可以让用户足不出户通过穿戴设备就能进入身临其境的虚拟图书馆畅游书海，还可以让用户处在安全的现实环境中，去学习和研究危险的知识，既不担心身体受伤害，又可以掌握尖端知识。5G技术高速率、低时延和超大连接的通信传输速率使虚拟和增强现实场景更加逼真，其高度仿真的三维立体场景让用户感受不到虚拟环境的缥缈，反而感觉到沉浸式阅读的真实性，如用户要进入一家名为zoomii的虚拟书店，只需鼠标点击进入，就能体验到真实书店的感觉，鼠标移动就相当于人在书店里走动，可以取书、翻书和阅读，完成真实书店阅读的一切感受[1]。

"AI+5G"技术还可以为用户提供跨终端多场景服务，根据用户感官需求和行为偏好，为用户打造一个混合场景服务，无论用户在家里、学校、社区，还是在公共交通上，只要戴上小巧灵活的VR设备，就能迈入一个和实体图书馆一样的阅读环境，用户不用受移动终端和网络卡顿的限制，可以随时、随地、随意地享受混合阅读场景带来的愉悦，这种虚拟图书馆不但有立体形象的再现文字、图片、视频场景的虚拟形态，而且还能让用户参与互动，通过语音识别来与用户交流，让用户真实感受到虚拟场景带来的真实感受。"AI+5G"技术打造的混合场景服务除提升用户沉浸体验层次外，还能降低优质内容的获取难度和终端成本，已有一些图书馆在尝试这种服务，如福州图书馆"海底世界"的VR/AR创新阅读体验馆，让孩子们戴上VR眼镜，就能感受到置身于海底世界的奇妙，通过身临其境的感受去了解鱼类的生活习性[2]。总之，"AI+5G"

---

[1] 储节旺, 陈梦蕾. 人工智能驱动图书馆变革 [J]. 大学图书馆学报, 2019, 37 (4) : 5-13.

[2] 岳和平. 5G技术驱动的图书馆智慧服务场景研究 [J]. 图书与情报, 2019 (4) : 119-121.

技术打造的虚拟和增强现实的阅读场景将成为图书馆智慧服务的未来方向，它将随着科技的发展变得越来越现实。

2. 超清视频或无人机的远程互动直播

5G与超清视频技术融合将助力大型远程直播的实现，"互联网+图书馆"借助5G网络高速率、广连接和低时延等特性，不仅可以使画面更清晰、直播更流畅，而且能让用户得到更直观、更场景化的沉浸式视听体验。图书馆可以通过"AI+5G"技术举办各种活动、会议，通过多点定位的摄像及无人机拍摄，对大型直播现场进行远程传输，使远在千里之外的用户也能感受到现场气氛，并像现场观众一样参与活动进行互动，这不仅可以解决因人员集聚难以安排食宿的问题，还可以让更多用户参与到活动中来，提升活动的覆盖面。"AI+5G"带来可靠、稳定、安全的融合视频传输，解决了超高视频大数据量传输问题，并驱动媒体融合创新，为构建一个开放、合作、共赢的超高清产业生态圈创造了条件。"互联网+图书馆"只要抓住机遇，充分利用"AI+5G"技术助力，就能在时代发展潮流中站稳脚跟，紧跟产业发展步伐，进入新一轮黄金发展期。

3. 智慧或智能的虚拟学习环境

移动互联网技术促使虚拟学习的流行，用户只需一部智能手机，在任何闲暇时间、在任意地点都可以进行学习，而"AI+5G"技术的发展，使虚拟学习更上一层楼。人工智能技术打造安全、有效、便捷的虚拟学习空间，它通过人脸识别技术对用户身份进行认证，并智能收集和分析用户的检索和借阅记录，分析用户网络活动轨迹，为用户提供打造人性化的虚拟学习空间，如美国康奈尔大学图书馆开发的"我的图书馆"系统，通过自动识别用户兴趣、智能过滤信息和推送信息等功能，为数字图书馆个性化服务提供支持[1]。5G技术则让用户进入一个无限网络容量的体验环境，它催生出更多应用场景，容纳更多设备连接，使万物互联成为可能，5G智慧书屋为用户提供了个性化空间服务和资源配置，在资源索取、交互以及环境控制等方面提供服务，打造智能的"市民大书房"，用户只需在人脸识别机器上进行会员注册，就可以进入虚拟智慧书房，通过自助寻书、看书、借书和购书，利用微信扫码，可实现一键借书或购书，5G的优势特性完全可以支持用户的一系列操作，使其感受到与实体空间环境一样的便捷[2]。"AI+5G"打造的智能和智慧虚拟学习环境，不仅可以节约图书馆的成本投入，而且可以提升服务的覆盖面，是未来智慧图书馆的主要服务手段。

4. 机器人与人机协同的智慧服务

机器人服务在图书馆的应用已见惯不惊，从清华大学图书馆的聊天机器人"小图"到浙江宁波大学图书馆的导引机器人"旺宝"，机器人的应用为图书馆带来了优质服务。5G通信技术的应用，促进了新一代智慧服务机器人的升级，其智能交互、自主运动及智能环境感知等本体功能进一步增强，智能终端业务办理和自主服务能力也极大提升了人机交互体验，为"互联网+图书馆"开创了新的应用场景。

新一代智慧服务机器人借助5G网络可以实现以下几个功能。第一，通过智能对话获取用户意图。机器人在发现用户进入网点后，利用个性化的迎宾方式接待用户，并与用户开展互动对话，领会用户意图，为用户提供合理的决策选择及业务办理方案，提高用户服务效率。第二，与其他智能设备互联互通。机器人在信息共享基础上，与图书馆各类智能设备联网，当捕捉到用户需求时，可以第一时间将信息传达给其他设备，共同为

[1] 储节旺, 陈梦蕾. 人工智能驱动图书馆变革 [J]. 大学图书馆学报, 2019, 37 (4)：5-13.
[2] 杨晓东. 5G与智慧图书馆建设 [J]. 中国新通信, 2020, 22 (14)：120.

用户提供服务。第三，形成人机协同服务。机器人将人脑智慧和机器智慧融为一体进行人机协同服务，即将人、物、设备、环境、事件全面协同，在优化服务流程、解决复杂问题、提供个性化服务等工作中发挥综合效益作用，实现图书馆智能化管理。

综上所述，人工智能、5G技术在"互联网+图书馆"的应用场景是非常宽泛的，它将产生更多元、更快捷的高速连接与场景感知，其多向交互与虚实融合的表现形式将得到广泛应用，新一代"互联网+图书馆"平台将融合"AI+5G"技术变得更智能和更智慧，也将会产生更为复杂的衍变、更新和迭代。

第四章　"互联网+图书馆"智慧服务内容

　　"互联网+图书馆"智慧服务中离不开理念指导、技术支撑、资源共享、知识创新和行业互助等关键因素，智慧服务是图书馆走向智能化发展道路的必然趋势，它不仅包含图书馆物理场馆、设备、空间、网络的智能化变革，而且包含图书馆文献、信息、知识和智能服务的转型升级，未来图书馆智慧服务更趋向于平台提供、数据分析、知识加工、个性推送、用户体验等创新服务，挖掘用户潜能、激发用户动力、开启用户智慧和提升用户创造力将是智慧服务的着力点，"转知成慧"将成为智慧服务的最终目标。对用户来说，图书馆借助互联网由被动服务转变为主动服务，追踪用户轨迹、把握用户需求、挖掘用户潜力、激发用户创新，将用户隐性知识转化为显性知识，进而创造社会价值。对图书馆自身来说，图书馆将改变传统的依赖图书馆场馆、设施、图书资料、文献信息等实体服务，更多依赖以互联网及新兴技术为支撑的智能虚拟服务，图书馆也将由实体图书馆转变为虚拟图书馆、绿色图书馆或智慧图书馆。因此，"互联网+图书馆"智慧服务在资源环境、空间布局、服务手段、知识创新及跨界融合等方面需要不断升级改造，借助新兴科技力量，提升图书馆新型服务能力，才能让图书馆沿着"实体—数字—智能—智慧"方向发展，最终实现高效、便捷、开放、融合和创新的智慧图书馆。

第一节 开放的资源环境

互联网包含开放、自由、创新、平等、协作、分享六大理念，是网络文化的内核和价值观，它颠覆了传统，改变了社会，方便了人类交流和沟通，加强了人与人之间的情感交流，使信息传输和消息传递变得迅捷而便利。依托互联网精神而变革的图书馆智慧服务也需要一个自由、平等、免费的资源环境，才能创新图书馆服务理念，为图书馆注入新的活力和生机，让图书馆走得更快更远。

一、自由浏览资源

"互联网+图书馆"实现了静态数字资源向动态网络信息的转变，图书馆文献信息资源存储不再局限在建筑物理空间范围内，而是向更广泛的网络虚拟空间拓展，用户只需一部能上网的智能手机，就可以在任何地方、任何时候浏览到图书馆的信息资源，但目前由于受图书馆管理及知识版权限制，很多时候图书馆仅仅服务于本馆特定的注册用户，如大学图书馆仅服务于本校师生员工，公共图书馆仅服务于本市市民，而没有覆盖更多用户和更广范围人群。如何提高资源利用率和服务更广泛人群，是"互联网+图书馆"智慧服务区别于传统图书馆首先要解决的问题，可以从以下几个方面入手。

第一，整合资源类型。"互联网+图书馆"信息资源包括两类：一类是本馆数字化资源，如本馆馆藏资源、商业数据库、自建数据库、数字化资源等，这类数字资源具有专业性、规范性和封闭性的特点，整合这类数据需要优化资源组合、加强数据融合、重构服务系统，通过对数据、信息、知识等资源的规范和统一，形成标准化、易操作和可检索的新资源，提升用户对数据资源的利用率；另一类是非本馆资源，如网络资源、开放获取资源、试用数据库资源及其他动态信息资源等，这类数字资源具有散乱性、复杂性和易逝性的特点，整合这类资源相对比较困难，需要通过专业软件工具的辅助、图书馆馆员的耐心细致和长期不断地积累收集，虽然难度大，但其利用价值是无法估量的，对补充馆藏资源信息具有重要作用。因此，图书馆通过数据资源加工、分类和整合，可以将各种各样、纷繁复杂的数字资源统一标准，形成规范的可供检索的数字资源，为用户提供内容新颖、来源丰富、种类完善的文献信息服务，使用户能通过网络进行浏览和利用。

第二，简化注册流程。互联网之所以受广大用户青睐，其最大优势是开放性，任何人（不分年龄、性别、种族、地域、社会角色）都可以自由上网浏览，而且不需要一系列注册手续。如果"互联网+图书馆"在资源浏览方面能效仿互联网的做法，就可以不断提升人气、吸引用户和提高资源利用率。当前数字图书馆为了保护知识产权和数据资源安全，都会设置一系列注册手续，限制用户行为和权限，这在一定程度上保护了图书馆信息资源安全，但也降低了用户使用图书馆数字资源的意愿，因为一系列烦琐的注册手续将占用用户太多时间和精力。如果考虑排除恶意下载和病毒入侵等卑劣行为，图书馆仅将权限公开至用户浏览检索这一级，必将获得较大进步，这样可以让用户不需要注册就可以检索和浏览到图书馆的数字资源，如果想进一步深入了解信息资源，就需要再完成注册、认证等流程和手续。图书馆只有简化一系列注册流程，才能吸引更多用户使用图书馆资源，因为相对于纷繁复杂的网络资源，图书馆资源更具权威性和专业性，相信任何一个想在短时间内找到最佳检索答案的用户都希望得到专业细致的解答，而不是在一大堆无用信息中去寻找最佳答案。

第三，开放资源权限。"互联网+图书馆"强调资源共建共享，这种共建共享不仅是图书馆与图书馆之间的资源合作共享，而且是用户与图书馆之间甚至是用户与用户之间的资源传递与交换，但图书馆为了维护自身利益往往设置了很多资源获取权限，如非本馆读者不得进入图书馆资源系统、非本馆人员不得进行资源提供和修改，这必将限制用户获取和使用资源的权利，也很难让有限的资源服务无限的用户。如果图书馆将一些有利于大众普世教育的公共文献资源利用权限开放出来，让用户去利用、转发、传播和创新，将静态数字资源变成动态信息资源，使资源得到不断更新、丰富和发展，这将让更多用户受益，图书馆也更好地实现了自身为社会服务的价值。因此，开放权限、服务大众、方便利用、广泛传播，这未尝不是图书馆智慧服务的重要组成部分。

二、平等利用资源

图书馆作为一个公共服务事业单位，有权利和义务为所有用户提供平等的资源利用服务，这种平等服务，既包括为各类人群提供服务，又包括为各个地方提供服务。"互联网+图书馆"为实现全社会公民平等利用资源提供了机会和条件。一方面，开放网络使任何人都可以获取资源，图书馆依托互联网将数字资源存储到云端服务器，为保障公共文化服务的公平性，理应对全社会公民开放使用，但出于版权保护和信息安全考虑，不得不设置一些限制条款，这样就使一小部分人能自由享受到公共文化服务，大部分人因各种原因而被限制使用，如果能改变一下思维，让大部分人可以自由使用信息资源，而只是限制一小部分人使用，那图书馆将大大提高信息资源利用率，使有限的资源服务无限的用户，图书馆的社会价值也将大大提高；另一方面，泛在网络在任何地方都可以获取资源，数字鸿沟、城乡差距、地域限制等因素一直是公共文化服务均等化的阻碍，它使贫困地区、落后山区享受不到公共文化服务产品，"互联网+图书馆"依托互联网建立的全网数字资源化解了地域差距引起的这一矛盾，只要图书馆有服务全社会的勇气和决心，就可以将数据资源通过网络延伸到社会的任何一个角落，即只要有网络的地方，就有图书馆的服务，就能为用户提供力所能及的信息资源服务。因此，"互联网+图书馆"平等利用资源也是智慧服务的一种体现，它不仅仅代表图书馆的服务形象，更代表图书馆的一种责任和担当。

三、免费获取资源

公益性是图书馆的基本属性，特别是2018年初颁布的《公共图书馆法》明确规定公共图书馆应当按照平等、开放、共享原则，免费为社会公众提供基本服务，并鼓励支持其他类型图书馆向社会公众开放服务等。"互联网+图书馆"主要是通过数字阅读向公众提供服务，相比当前比较流行的微信阅读、豆瓣读书、网易云阅读、微博阅读等阅读平台，图书馆数字阅读还处于弱势，要在无线网络、智能手机不断普及，移动阅读越来越方便、廉价，阅读时间越来越长的数字阅读时代抢占数字阅读推广先机，图书馆就要提供大量免费、长效、深度的数字阅读资源，吸引用户从短、频、快的浅阅读，向更专注、思索和深刻的深阅读转变，这样才能展现图书馆系统性、知识性和专业性的优势。图书馆应该为用户提供一些免费资源：一是科普类阅读材料。这类读物具有较强的知识性和专业性，对开发智力和创新知识具有重要意义，免费开放这类读物，对开拓用户眼界、扩大用户知识面，提升用户专业素养很有帮助。二是经典类阅读材料。经典作品是经受过时间考验而保存下来，具有经久不息生命力和影响力的优秀作品，对提高自身修养和提升全民素质具有积极意义，通过阅读经典，可以启迪智慧、塑造品德、规范行为，为全社会营造一个健康有序的和谐环境。三是生活类阅读材料。这类材料可以指导用户掌握日常生存和生活技巧，教会人们改善观念、热爱生活、陶冶情操、珍惜生命，具有普世性价值和意义。因此，"互联网+图书馆"为用户提供方便、快捷、易于阅读的免费资料，使用户在开放的阅读环境中增加自由选择的权利，可以帮助用户在知识应用的过程中创新知识、提升智慧，转知成慧[1]。

第二节　交互的共享空间

随着新技术发展，图书馆正由传统固定的物理空间向无限延展的虚拟空间发展，空间服务已成为"互联网+图书馆"智慧服务的前驱，引领图书馆空间服务的变革和升级，构建人与人、物与物以及人与物之间相交互的共享空间是图书馆智慧服务的未来发展目标。开拓基于"互联网+"的信息资源共享空间、知识学习共享空间、创客服务共享空间、公共文化共享空间等是拓展图书馆服务边界的最佳途径，图书馆空间服务最终目标是建立相辅相成、彼此协调的虚实交互服务空间。

一、信息资源共享空间

信息资源共享已在图书馆中应用多年，成为图书馆服务中不可或缺的

---

[1]　黄幼菲.公共智慧服务——图书馆知识服务的高级阶段[J].情报资料工作,2015(5):83-88.

组成部分，特别是随着互联网的发展，图书馆与图书馆之间、图书馆与其他机构之间的交流、协作变得更加便利和频繁后，信息资源共享活动变得更加活跃。"互联网+图书馆"要拓展信息资源利用率，最大限度地满足用户对信息资源的需求，就需要不断拓展信息资源共享空间。所谓信息资源共享空间，是指"以数字化信息资源为背景，通过对图书馆技术、资源和服务的有效整合，为信息供需双方设计的一个协同工作空间"[1]。这种共享空间不仅体现在本馆馆藏资源不断得到更新、整合和补充，而且也体现在外部资源对本馆资源的不断充实和丰富，即图书馆既要拓展本馆信息资源空间，又要拓展非本馆的网络信息资源空间，为用户提供一个弹性的信息资源共享和交流空间，而用户通过这个空间，可以完成对信息资源的下载、利用、评价和分享，也可以在此基础上独立创作新资源，或与志趣相投的爱好者协作完成创作。因此，信息资源共享空间为用户提供了一个广阔的资源利用和分享天地，他们不再局限于从图书馆自身来获取信息资源，而是可以向更多资源提供者获取，而图书馆则协助用户获取或共享更多信息资源，开辟更宽广的资源获取空间，展现其智慧服务本质。

二、知识学习共享空间

相比信息资源共享空间而言，"互联网+图书馆"知识学习共享空间层次更高级，前者着重于"物"的考虑，后者更着重于"人"的考虑。针对用户需求的知识学习空间更强调为用户提供一个与学习有关的空间环境，这种空间环境不仅包括实体学习共享空间，而且包括虚拟学习共享空间。实体学习共享空间在传统图书馆就已具备，并发挥了相应的作

---

[1] 郭隆霞, 巩玉金. 公共图书馆信息资源共享空间建设探究 [J]. 才智, 2017 (16): 240-241.

用，如为用户提供面对面的学习探讨场所、为用户研习提供专门的服务场所、为用户作品创作提供特殊的展示场所等。虚拟学习共享空间是近年来图书馆重点拓展的业务，利用互联网新兴技术，为用户打造一个虚拟现实（VR）、增强现实（AR）、混合现实（MR）的"场景式"知识学习空间，让用户能通过虚拟网络获得现实感、场景感和参与感，提升自身真实的学习体验，并通过网络向其他用户分享这种感受，让更多用户参与进来。虚拟学习共享空间相比实体学习共享空间更节能环保，更注重用户自身学习感受和效果，更多考虑用户在线学习的便利性，面向用户提供的学习指导和帮助，激发用户创造创新的服务环境等。因此，"互联网+图书馆"知识学习共享空间更偏重于促进用户知识创新与共享行为的发生，最终实现用户个体与群体知识的不断创新与更新，满足用户个体专业成长的需求。

三、创客服务共享空间

创客服务是指图书馆为用户创意、创业提供平台支持的服务，阿里云发布的"创客+"给创客提供从开发组件、分发推广、办公场地、前后期投资到云服务资源的系列创业扶持[1]，这是创客服务的初步尝试。"互联网+图书馆"提供的创客服务共享空间，就是通过部署线上线下互通平台式创客空间，为高科技领域创新创业用户提供线上线下互动交流和学习、工作空间，形成汇聚大众智慧、虚拟现实行业、跨区域资源整合及市场商业运作的创业集散地。该空间不仅是面向初级创客的教育与体验平台，而且是面向中高级创客的交流、合作、创业平台，它以虚拟社区、技术论

---

[1] 百度. 创客+［DB/OL］. https://baike. baidu. com/item/%E5%88%9B%E5%AE%A2%2B/17021340? fr=aladdin.

坛、开源软件及现场体验为基础，并提供远程技术创新的交流和合作，为"大众创业、万众创新"提供机会和条件。创客服务共享空间是建设创新创业的孵化器，为用户提供工作空间、网络空间、社交空间和资源空间，它可以依托图书馆自身现有的资源和设备，灵活机动地建设不同类型的创客空间。也可以根据用户个人需求来改造已有的创客空间，让有限的空间资源得到充分利用，为更多创业者和创意者服务[1]。还可以寻求合作伙伴，与其他创客服务单位联手打造共享空间，既可以节约成本，又可以开辟新的创客环境，为用户创意、创新和创业提供更多发展机会。因此，构建一个线上线下、内外合作的全方位、立体式创客服务共享空间，是"互联网+图书馆"智慧服务的重要组成部分。

四、公共文化共享空间

所谓公共文化共享空间，主要指城市第三空间，是指除家庭、办公室之外的第三个地方，这个地方能够为公众带来美的享受与社交机会，使人们在工作之余、碎片化时间之外拥有一个交通便利、免费、舒适、友好的第三空间。"互联网+图书馆"开辟第三空间不仅能够为用户带来认知、反思和感官上的体验，而且能为用户带来深层次的信息、知识和智慧服务。它是对传统图书馆的一种超越。首先，它为用户提供一个安静的公共场所，满足用户终身学习的需要。图书馆不仅保留着一座城市的历史和文化，而且是现代都市人的精神家园和集体书房，它给予用户平等享有公共文化的机会，任何人都可以免费享用图书馆提供的资源、设备和技术服务，也可以在图书馆学习各种专业知识，借助图书馆浓郁的书香气息来

---

[1] 陈群. "互联网+图书馆"融合发展路径探析 [J]. 图书馆工作与研究, 2017 (12): 10-16.

提升自身素养，图书馆为用户提供一个长期免费、无障碍、零门槛的终身学习场所。其次，它为用户打造一个泛在化的虚拟空间，满足用户碎片化阅读的需要。5G技术高速率、低时延和超大连接的通信传输为"互联网+图书馆"打造万物泛联、人机交互的虚拟空间提供了条件，用户通过一部智能手机就可以随时、随地、随意地浏览图书馆的信息资源，在等餐、排队、坐车或等人的碎片化时间去浏览或阅读。最后，它与咖啡馆、银行、地铁、酒吧等商业部门合作，满足用户放松身心的需要。图书馆与商业部门合作打造的休闲场所，为用户提供了一个放松身心和公共交流的空间，在这里，他们可以随性地喝一杯咖啡，自由地和朋友交谈，休闲地听一段音乐，从烦琐而枯燥的生活和工作中暂时解脱出来，去放飞思绪、遨游书海和畅谈交流，享受身心的愉悦和精神的放松。

由此可见，"互联网+图书馆"智慧空间服务理念已超出图书馆原有空间布局，其拓展余地更宽更广。它不仅依赖现代科学技术的支撑，而且依赖图书馆人智慧的发挥，利用空间再造拓展图书馆服务边界，并利用网络开创图书馆虚拟空间服务，打造图书馆与图书馆之间、图书馆与用户之间以及用户与用户之间的资源、技术、知识及服务共享是图书馆空间服务的主要目标，构建一个开放、平等、免费的绿色环保图书馆是空间服务的基本原则。因此互联共享的智慧空间服务是"互联网+图书馆"不可逾越的构成要素。

第三节　智能的服务手段

智能服务是"互联网+图书馆"智慧服务的重要组成部分，它充分利用物联网、云计算、大数据、人工智能及5G网络的技术优势，将智能手段融入图书馆服务中，有效提升图书馆服务水平和服务效率。"互联网+图书馆"智能服务通过对网、云、端设施（"网"指广泛连接的信息通信网络；"云"指高效协同的数据处理系统；"端"指全域感知的智能终端设施）的布局，将图书馆业务纳入智能感知、智能管理、智能服务的范畴，实现无人化、智能化和智慧化服务。它主要体现在智能资源服务、智能技术服务、智能需求服务、智能管理服务及智能社会服务五个方面，这五个方面相互联系、彼此交融，共同构建起一个图书馆智能环境，带动图书馆智慧服务的整体跃升，推动图书馆事业向前发展。

一、智能资源服务

资源是图书馆的立足之本，它的数量、质量、类型及存储方式决定着图书馆的服务能力，智能地获取、整合、维护、发布数据资源，对提升信息资源的时效性和利用率具有重要意义。"互联网+图书馆"智能资源服务就是充分利用先进科技手段迅速快捷地捕捉、整合、存储、管理、保存和出版数据资源，将静态的馆藏资源变成动态信息资源，将开放获取资源变成本馆规范管理资源，形成互联互通、共建共享的信息资源服务主体，让图书馆跨越时空限制，使资源服务在互联网上无限延伸，为图书馆带来无限发展契机。其主要由资源采购、自主服务和用户分享三个方面组成。资源采购一方面通过人工智能和大数据分析，精准掌握用户对资源信息的需求，利用在线系统让用户自主完成文献资源的采购任务，并利用系统自动完成审核、验收、编目和存储等业务，减少人工参与和影响；另一方面通过虚拟现实技术对馆藏书目及电子资源进行"虚拟书架"呈现，利用智能呈现代替烦琐的人工查找，既可精确选购数字文献资源，避免重复采购，又可自动完成订购，减少人力支出。自主服务是智能资源服务的主要内容，包括自助申购、自主借还、自主分享等，用户利用图书馆在线采购系统，既可自助采购资源，也可自主贡献资源，并通过自主借还系统或在线网借服务，将自己感兴趣的数字资源加入个人图书馆，利用电子阅读设备完成阅读、标注、摘录、点评、转载等阅读活动，还可对感兴趣的话题发表观点，分享给其他用户，或与其他用户一起深入交流和探讨，这样减少他人干扰，更能调动用户主动性和参与性，吸引他们更加关注图书资源。用户分享是图书馆利用微信、微博、QQ等社交工具，发挥用户自媒体传播能力来提升资源利用率，利用明星效应、朋伴影响和熟人社交等手段来分享和推荐图书资源，达到一传十、十传百、百传千的效果。总之，智能资源服务是"互联网+图书馆"最基本的服务手段之一，其效率高低直接关系着图书馆服务效益好坏，利用智能技术提升服务效率，是智慧服务最明智的选择，既能减少人力资源成本投入，也能激发用户参与积极性，是必不可少的服务手段。

二、智能技术服务

互联网的发展促使智能技术广泛应用于各行各业，淘宝、支付宝、高德地图、美团外卖、滴滴打车等与人们生活息息相关的日常事务都离不开智能技术的支撑，智能化服务已成为社会发展必不可少的组成要素，它带给人们便利的同时，也促进了社会经济发展。"互联网+图书馆"中的用户画像、人脸识别、情景感知及虚拟现实等都是智能技术在图书馆的应用实践，它为图书馆智能服务带来了新体验和新契机，并助力图书馆新业务不断开拓与创新。

用户画像是指数字图书馆为了深入了解用户特征、预测用户真实需求、激发用户潜在需求等，在一系列真实数据的基础上通过描述用户特征、需求和偏好，构建的目标用户模型[1]。它是利用数据来刻画用户特征，从而达到精准营销和决策的目的。用户画像是近年来随着新一代信息技术发展而衍生的新课题，虽然研究时间短，内容也不够深入，但它实用性强，并能解决用户面对海量数字信息资源难以决策的困境，图书馆利用大数据技术、数据挖掘算法及知识组织建模等技术手段，根据用户背景、爱好、习惯、行为等因素，通过"数据化→标签化→关联化→可视化"的呈现过程，构建用户画像，为图书馆采取个性化检索、精准推送、准确宣传、参考决策提供了依据。

人脸识别俗称"刷脸"，是人脸生物特征识别技术，通过人脸识别来进行身份鉴定，现实生活中微信、支付宝、蚂蚁金服、网银等开通的刷脸支付功能，具备便捷、安全、体验好的优势，方便用户资金交易，缩短支付时间，改善商户经营效益。刷脸技术已广泛应用于解锁、开门、安检、登机、住宿及医疗支付等领域，给各行业带来了全新体验，也给人们的生活带来了便利。人脸识别技术在图书馆最早应用应该是浙江理工大学图书馆，它于2017年4月将百度人脸识别技术引入图书馆的图书借阅管理系统，实现了从进馆、借阅到信息查询等流程的全面升级[2]。"互联网+图书馆"对人脸识别技术的应用主要体现在虚拟图书证的办理，人工智能的发展给人脸识别技术在线办理虚拟图书证提供了解决方案，用户只需用手机扫描图书馆提供的人脸识别二维码，进入图书馆在线办证页面，按要求进行拍照和信息录入，上传照片进行人脸识别，图书馆后台将根据用户提供的信息自动办理好虚拟图书证账号，这样避免用户带身份证跑去图书馆办理，用户只要登录虚拟图书证账号，就可以利用或查阅图书馆所有的数字

[1] 许鹏程，毕强，张晗，等. 数据驱动下数字图书馆用户画像模型构建［J］. 图书情报工作，2019，63（3）：30-37.

[2] 秦鸿，李泰峰，郭亨艺，等. 人脸识别技术在图书馆的应用研究［J］. 大学图书馆学报，2018，36（6）：49-54.

资源[1]。人脸识别虚拟图书证于2018年在深圳图书馆开通实践，办证数量逐月攀升，得到青年用户的青睐，进一步扩大了图书馆服务的覆盖面。由此可见，基于人脸识别技术的虚拟图书证办理是可行和可操作的，该项技术将随着智慧图书馆的发展而变得更加实用和普及。

情景感知是指图书馆根据用户个性特征、行动轨迹和习惯爱好等大数据统计和分析，通过电脑将用户的情景数据进行处理，根据用户需求智能推荐资源的服务。它是一种新兴的信息处理技术，分为单元情景感知应用阶段、情景感知应用系统初级阶段、情景感知应用系统高级阶段三个发展阶段[2]。最初的单元情景感知是将RFID技术应用到自助借还图书、馆藏管理、门禁系统等方面，适时将感应数据传入计算机中，掌握用户的活动轨迹及行为习惯等信息。随着单元情景感知技术的成熟，情景感知应用系统在图书馆得以构建，并开始发挥优势作用，推动图书馆转型和变革，它利用人机交互模式将用户个性化需求通过计算以各种情景信息呈现出来，使图书馆充分融入用户信息活动，随时掌握用户动态和需求，及时为用户提供情景感知的场景服务、推荐服务、咨询服务和自主服务等，充分展现出图书馆智能服务的能力。情景感知服务具备的智能性、主动性、情景自适应性等特征决定了它将拥有良好的发展前途，近年来被图书馆界逐渐认识和重视，其应用已取得一定进展，全面深入研究情景感知理论和技术，对提升用户服务质量和提高服务效益具有重要意义。

虚拟现实是集成计算机仿生、三维图像等新兴技术创建的模拟环境和虚拟体验平台。它通过创建逼真的虚拟世界，使用户可通过视、听、触

---

[1] 张贺. 基于人脸识别技术的虚拟读者证办理[J]. 图书馆论坛, 2020, 40（7）: 103-106.

[2] 王建新, 丁家友. 情景感知系统在智能图书馆中的应用研究[J]. 图书馆杂志, 2015, 34（7）: 64-69.

等多种感官与其中的物体进行交互，产生身临其境的感受和体验[1]，是人工智能的重要技术。"互联网+图书馆"虚拟现实技术作为一种创新服务手段，能够为用户带来全新体验，它所拥有的沉浸性（immersion）、交互性（interaction）和想象性（imagination）三个特征能够激发用户的感官享受、无限想象和浓厚兴趣，让用户在虚拟的环境中体验到和现实世界一样的感受，其虚拟馆藏导航可以带领用户在虚拟图书馆里四处漫游，虚拟在线阅读可以让用户随意选择自己感兴趣的阅读材料，虚拟远程咨询可以通过远程视频对话向对方提出问题并得到及时解答，虚拟教室可以让用户倾听名师名家的当堂授课等，而且这种虚拟现实环境让用户更加放松和自由，不会感到陌生拘束，也不会有社交焦虑，更能激发用户主动参与的积极性。未来，随着人工智能和5G技术的发展，虚拟现实技术将得到进一步发展，三维立体化资源呈现、360度超清全景互动直播和远程虚拟空间云课堂都能给用户带来高层次的体验，满足用户智能化、高效化和个性化的需求，它将为图书馆拓展创新服务提供新思路和新途径。

三、智能需求服务

这是一种内隐式能满足用户内在需要的一种服务，是深层次心理追踪服务，即利用智能工具追踪用户行为习惯、生活规律、兴趣偏好等，对用户信息需求进行归纳、总结、分析和管理，从而为用户提供决策支持、行为引导和智慧推荐的服务。当前，许多电商对消费者智能需求服务已达到比较成熟的阶段。例如，当消费者输入想购买商品的关键词时，系统就会自动匹配出相近关键词供其选择；当消费者点击进入商品页面时，相同或

---

[1]　周力虹, 韩滢莹, 屠晓梅. 国内外高校图书馆虚拟现实技术应用对比研究 [J]. 图书与情报, 2017（4）: 1-7.

相似的商品就会展示出来；当消费者想了解商品详细信息时，就可以通过页面介绍或其他消费者评价来判断商品品质；当消费者退出选择页面后，系统也会时不时地跳出一些曾关注过的商品推荐页面，而这一切都是计算机根据用户需求而智能识别的结果。"互联网+图书馆"可以借鉴电商智能需求服务模式，拓展智能识别、智能追踪、智能推荐、智能决策的范围和内容，用智能服务满足用户内在需求。

智能识别是指图书馆通过部署一些智能感知、存储、计算、网络等基础设备，捕捉一些重要数据信息，如用户身份、出入门禁、借阅内容、资源利用、访问时长等完整、有效、合法信息，然后对这些数据信息进行组织、清洗、校验、加工、抽取、存储及备份，从中分析出用户的专业、特长、时间、位置等信息，了解用户兴趣、偏好、习惯和研究等需求，推送有价值的信息内容供其选择[1]。

智能追踪是指利用搜索定位系统来确定物品或人物的活动轨迹，该技术经常应用于物流领域，商家或消费者可以通过查询物流系统，来追踪货物、监控货物及了解货物，掌握货物运输的全程动态、异常情况及运输轨迹等，图书馆也可以借鉴这一做法，通过智能系统来追踪用户的行为动态，了解用户搜索、查阅、借还、关注及访问情况，追踪用户行为习惯、活动规律、参与欲望等，为后期推送个性化服务提供依据。

智能推荐是基于大数据和人工智能技术，在数据和算法驱动下，为用户提供的个性化智能推送服务。传统的推荐服务存在工作效率低、推荐误差大的缺陷，而"互联网+图书馆"智能推荐服务依靠海量数据挖掘、云计算资源管理及人工智能高效算法对用户的访问时间、内容、次数等主题进行分析，了解用户访问行为、目的和需求，对同一用户不同访问方式

[1] 孙鹏,沈敏,杨新涯,等.基于用户情境的图书馆智慧推送服务研究[J].图书馆,2019(3):53-57.

或对不同用户相同访问方式进行分类整理，将访问信息与用户需求建立联系，从海量访问数据中清洗出有价值的数据，寻求用户感兴趣的信息，用协同过滤算法进行推荐。

智能决策是以信息技术为手段，通过大量原始信息数据积累，利用云计算庞大的存储空间和强大的计算能力，对海量信息数据进行分析比较，为管理者做出正确决策提供帮助的智能人机交互过程。"互联网+图书馆"将人工智能的知识表示与处理手段应用于智库系统建设，通过对知识的提炼、过滤、精简和管理，向用户提供有效的决策支持。这种决策是将人工智能和决策支持系统相结合，应用专家系统技术，使决策支持系统能够更充分应用于人类的知识，如关于决策问题的描述性知识，决策过程中的过程性知识，求解问题的推理性知识，通过逻辑推理来帮助解决复杂的决策问题等[1]。自动化决策是智能决策的主要特征，不需要人为干预，只需依靠决策机器人来自动化管理、跟踪、评估和反馈，通过高效、统一、透明的决策过程，最终达成决策目标，协助用户更好地分析和解决问题。

四、智能管理服务

智能管理是人工智能与管理科学、知识工程与系统工程、计算技术与通信技术、软件工程与信息工程等多学科、多技术相互结合、相互渗透而产生的一门新技术、新学科[2]。它利用计算机技术来提升管理效益，达到管理的高度智能化，物联网、大数据、云计算、人工智能等新兴技术为它注入了新的活力，使其呈现出无人化、无纸化、自主化及移动化的管理模

---

[1] Harry. 从决策支持到智能决策［EB/OL］.（2017-07-09）［2020-09-30］. https://zhuanlan. zhihu. com/p/27785500.

[2] 360百科. 智能管理［DB/OL］. https://baike. so. com/doc/7908745-8182840. html.

式，不仅减少了人力资源投入，而且提升了管理效益，其高质低耗的优势逐渐被各行业所认同，并将其应用于社会实践。例如：智能物流仓储管理可以实现24小时无人值守仓库订货、货物入库、货物管理和货物出库的高效服务；智能停车场管理通过一卡通自动识别车辆信息，实现自动语音播报、收费、打开、计时等功能，使停车变得方便快捷；智能楼宇管理通过自动控制系统，实现建筑物内设备的远程监控，确保设备运行正常，降低运行能耗。"互联网+图书馆"智能管理服务借助智能设备和智能系统，可实现24小时无人值守管理、自助借阅管理、虚拟远程管理、机器人服务管理等，最大限度减少图书馆人力资源投入，提升图书馆服务效率，拓展图书馆服务渠道，扩大图书馆服务范围，使图书馆管理更加人性化、智能化和智慧化。

24小时无人值守管理在超市、银行、健身房、洗车房等场所已很普遍，在图书馆也很流行。它是互联网技术发展到一定阶段的产物，也是公共图书馆拓展服务的一个热点和方向。它具有服务时间长、覆盖范围广和流通速度快的特点，能够极大地提高图书馆管理智能水平和提升图书馆自助化服务效率，并以人文关怀为主导，以服务创新为目标，集成最新RFID技术、数据通信和数据处理技术，以及相关安全技术和生产工艺，是人性化、数字化、智能化与传统图书馆的完美结合。24小时无人值守图书馆可以为用户提供短暂的休闲空间，用户可凭身份证、市民卡自助完成办证、借阅、续借、还书等服务，感受一种全新的阅读氛围，该项服务在解决公共文化发展不平衡不充分、推动公共文化服务均等化和推广全民阅读等方面具有重要意义。

自助借阅管理可分为线上和线下两种服务方式。线上服务主要依靠自助借阅管理平台，通过虚拟身份进行认证和注册，用户可以借阅电子图书，在线进行浏览、下载、阅读、标注、评论和转载等，还可以通过微信、支付宝等对收费项目进行结算，并通过联网书目系统，对图书进行自助借阅和归还，如果需要纸质本，也可以通过该平台提出申请，图书馆将以"快递到家"形式将图书送达到用户手中，满足用户足不出户就可以享受到图书馆服务的需求。线下服务主要依靠智能自助借还机来完成，这是图书馆为了提高智能化管理水平，实现一站式管理、通借通还和提升服务效率而采用的新型管理方式，它将RFID技术应用到图书馆，代替传统磁条和条码管理系统，方便用户自助借还、提升图书馆服务效率，有利于大批量图书的高效流通。

虚拟远程管理是依靠"AI+5G"技术而设想的一种新兴管理模式，利用人工智能虚拟现实与5G超清视频传送方式实现远程图书馆的浏览和使用，使用户在偏远地区也能利用到发达地区的图书资源，特别是对于那些需要到偏远地区进行实地考察的科研人员，无论身在何处，只要有需要，就可以登录图书馆虚拟远程管理系统，查找自己需要的资料。这种管理模式也特别适合具有总分馆的大学或公共图书馆，无论分馆开在哪个地方，都可以让用户通过虚拟远程管理系统，享受到同总馆一样的资源优势待遇，从而解决因地域差距而引起的资源分布不均情况，不但可以节约图书馆采购成本投入，而且可以方便用户平等享受公共资源，真正实现社会公共文化均等化服务。

机器人服务管理是以人工智能为核心，融合人脸识别、语音识别与语音合成技术，能够进行人机互动的一种信息处理能力，是面向实体服务的硬件设施管理。机器人服务应用于图书馆的实例已不鲜见，例如：清华大学智能聊天机器人"小图"，具有高智能聊天功能，可以与用户随时互动交流，帮助用户查询个人信息、预约研读间、做出提醒等；南京大学的图档博机器人"图宝"，可以对藏书进行盘点、清查、确认，解决用户找书难的问题，并能和用户进行温馨对话，吸引用户关注；浙江宁波大学图书馆的导引机器人"旺宝",在迎来送往的同时,还能做出不同表情吸引用户与之交流,为用户提供咨询、借还书指引、扫码找书、读者引路等服务。它带给图书馆的不仅是新奇服务体验,而且是智能发展的创新,将人工智能技术融入硬件管理中,用机器人代替馆员去解决一些烦琐、重复、简单的工作,使其变得更高效和更有趣。未来,随着人工智能技术的进一步发展,智能机器人将发挥越来越重要的作用,它将为图书馆发展增光添彩。

五、智能社会服务

社会服务是图书馆发展的初衷,也是图书馆作为公共文化服务单位应尽的责任和义务,智能终端、无线通信、互联网技术发展为图书馆开展智能、泛在和高效的创新服务提供了条件,创建数字化、网络化、信息化、智能化的"互联网+社会服务"是图书馆创新服务发展模式,也是图书馆智能社会服务的重要体现,即图书馆运用语音、视觉、自然语言理解等核心人工智能技术,为政府、科研单位和企业提供决策支持、科学研究和产品研发等智慧服务,将知识服务转化为生产力,实现价值增值,促进社会不断进步。未来,随着连接技术在空间、时间、规模等多维度上的持续发展,提供百倍的带宽提升,更低的时延,更广阔的覆盖,将把人类社会从智能社会带入一个万物智联、万智互联的全息社会[1]。

智能社会服务包括决策支持服务、科学研究服务和产品研发服务。决策支持服务是利用图书馆情报服务能力,为知识用户提供特定的专题服务,如内容揭示、知识加工、数据挖掘及产业动向等,将一些潜在、隐

---

[1] 汪涛. 未来联接技术将把人类从智能社会带入全息社会 [EB/OL].(2020-09-24)[2020-09-30].
https://baijiahao.baidu.com/s? id=1678707444057742406&wfr=spider&for=pc.

性、深层的知识通过人工智能手段提取和揭示出来，形成有价值的信息，为政府、企业、社会团体提供智力支持和决策参考；科学研究服务则是对知识发现、知识创造过程的支持和协助，图书馆通过打造"专家系统+深度学习"平台，将原创自主的专家系统与深度学习技术融合，实现人的大脑优势与机器学习相结合，对信息动态关联、用户应用场景识别、知识资源重组及前沿学科自动跟踪等进行开发，为研究型用户提供各学科领域的最新研究动态、当前研究热点及未来研究走向，并提供虚拟交互空间，实现知识交融和智慧碰撞；产品研发服务是协助科研团体和企业机构将科研成果转化为社会生产力，将抽象知识产品转换为具体实用成品，图书馆利用智能工具将分散在产品领域及相关领域的专业知识加以集成，从中提炼出对研究、开发和创新有用的"知识精品"，协助其寻找知识增长点，将隐性知识转化为显性实践，缩短产品研发周期，提高产品研发效率，提升产品产出含金量[1]。此外，图书馆还可以通过服务场景设置，以及机器学习、知识图谱、可视化等人工智能技术，为研发人员提供智慧感知、获取、分享、培训、阅读等创新型服务，确保产品研发的持续更新和发展。

第四节　深度的知识融合

知识融合是"互联网+图书馆"智慧服务的主要内容，是根据用户知识需求，利用智能网络技术动态搜寻、组织、重组、分析、整合、输出、创新知识产品，为构建更科学的知识体系和更精准的知识服务而提供的智慧服务。它为用户知识应用与知识创新提供解决方案、决策支持和灵感启

---

[1]　梁光德. 智慧服务——知识经济时代图书馆服务新理念 [J]. 图书馆学研究, 2011 (11)：88-92.

发。深度的知识融合包括知识组织、知识发现、知识服务和知识转化，与传统知识融合最大的区别在于加入了大数据、云计算、人工智能及5G技术等新兴技术支撑，使知识覆盖面更广、知识信息更精准、知识服务效率更高、知识启发性更强，在从低到高的"数据—信息—知识"融合发展进程中，更显示出知识服务的重要性和紧迫性，将成为转知成智、转智成慧的最大推动力，引领各行业向纵深发展，提升知识的社会价值。

一、知识组织

知识组织是对知识资源进行有效控制与序化，使知识从无序状态走向有序状态，降低知识增长导致的知识分散过程，促进知识传播与利用[1]。它包括知识来源、知识定位和知识序化。知识来源是知识组织的基础保障，它来源数据和信息，其数量多、范围广、增长快，包括多来源、跨领域、大规模的异构数据，只有通过知识组织实时、准确、智能的分析和提取，以及知识处理技术的揭示、共享、关联和发现，才能形成新知识和新方案，为决策提供精准服务；知识定位是知识组织的指导目标，是一种可以使用户或其他系统组件找到网络上相关知识的机制[2]，通常利用智能设备进行追踪、发现、抓取、过滤、整合和利用，并加入个人和组织的经验、推理规则、融合思维等，使知识发现更及时、知识关联更密切、知识筛选更准确，通过发现知识并和其他知识相互联系从而生成新知识，为知识组织提供更多参考；知识序化则是知识组织的核心内容，是指知识体系的所有组成元素按照特定的逻辑规律进行顺序排列的过程，包括结构有

[1] 戎军涛. 基于关联数据的知识组织深度序化机制研究[J]. 图书情报工作, 2015, 59（13）: 134-141.

[2] 祝振媛, 李广建. "数据—信息—知识"整体视角下的知识融合初探——数据融合、信息融合、知识融合的关联与比较[J]. 情报理论与实践, 2017, 40（2）: 12-18.

序化和功能有序化[1]。"互联网+图书馆"所强调的知识序化是对知识客体所进行的诸如整理、加工、引导、揭示、控制等一系列组织化过程及其方法，对知识进行规范和控制，避免知识过于分散化，形成有序的知识单元，从而更利于揭示知识。信息化时代，充分利用智能技术手段将分散、庞大和复杂的异构数据源进行关联，对其进行分析与综合，从内容、层次和置信度方面加以提升，从而生产出更高层次的综合知识产品，为用户知识创新提供参考。因此，互联网时代的知识组织，更多依赖智能手段和信息算法而进行，在深度、广度和强度上都远远超过以往的做法，为智慧知识服务的拓展和延伸提供了保障。

二、知识发现

信息社会的网络信息瞬息万变，并无规律可言，使知识发现比任何时期都更难、更迫切。知识发现就是从海量知识数据中，去揭示和提炼有效、新颖、隐含的知识内容，将其进行聚类、分类和关联，根据用户需求而提供个性化决策服务。智能知识发现则是通过人工智能和核心算法对大数据进行挖掘、对关联数据进行耦合，对深层数据进行揭示，将海量、多样、高价值、处理快速的海量数据转化为有价值属性和决策优势的知识数据，为智慧体系构建、智慧服务管理、用户需求感知及智慧定制与推送等提供决策支持服务。

首先，大数据的挖掘。数据挖掘技术是高效利用数据、发现价值的核心技术，是知识发现的一个重要步骤[2]。互联网发展使图书馆产生了海量

[1] 戎军涛. 基于关联数据的知识组织深度序化机制研究 [J]. 图书情报工作, 2015, 59 (13)：134-141.

[2] 柳益君, 何胜, 冯新翎, 等. 大数据挖掘在高校图书馆个性化服务中应用研究 [J]. 图书馆工作与研究, 2017 (5)：23-29.

大数据，这些大数据包括业务流程数据、知识资源数据、用户数据等，具有多源、异质、复杂的特征，增加了数据挖掘的强度和难度，如何有效过滤无用数据干扰，并高效提取有用数据是大数据挖掘的关键，只有通过对用户群、用户兴趣、学科知识、业务关联等数据的挖掘，采用人工智能分析和机器学习算法，对这些结构化和半结构化的大数据进行采集、计算、分析、过滤、提取和存储，才能甄别出有价值的数据，为智慧决策提供智慧服务。

其次，关联数据耦合。它是指将两个或两个以上有关系的数据进行联结，并辐射出更多数据之间的联系，从而形成一种相互作用、相互影响的关系，犹如互联网的超链接，点一个数据链接，就可以不断辐射出更多的关联数据链接，形成千万个有关联的数据闭环。关联数据是知识发现的主要内容，是揭示知识联系的主要方法，互联网时代的关联数据通常由计算机去理解、处理和计算，并自动找到数据之间的关系，形成被用户所理解的数据集合，实现人机之间的交互处理，对知识的智能搜索、表达、转化和维护等都具有重要意义。

最后，深层数据揭示。知识发现包含算法和可视化两种方法，大多数基于算法的方法在人工智能、信息检索、数据库、统计学、模糊集和粗糙集理论等领域有所发展，而可视化方法则需要对深层兴趣、隐性需求及潜在知识进行揭示启发，机器深度学习是揭示深层数据的最佳途径，利用计算机智能技术建立、模拟人脑进行分析学习的神经网络，模仿人脑机制来解释图像、声音和文本等数据，从而形成可视化信息和知识，即利用机器学习来广泛收集用户信息、深度挖掘用户爱好、精准分析用户行为等大数据，并通过机器算法形成可理解的文本、声音、图像等显性知识信息，为智慧决策和智慧服务提供帮助。

三、知识服务

"互联网+图书馆"知识服务是以用户需求为驱动，突破时间、地点、成本限制，加入人工智能及云计算技术，呈现出主体多元化、方式智能化、覆盖泛在化、内容智慧化的特征，其服务模式已由静态转向动态、专业转向综合、封闭转向开放、被动转向主动，主要内容包括智能感知、智慧搜索、智慧推荐、智慧显示及评价反馈等[1]，为用户提供自助式知识导航、关联性知识检索、场景化知识推荐、个性化知识推送、组群式知识共享、深度嵌入式知识咨询、自动化知识问答等服务[2]。在知识传播、知识生产和知识创新中起着重要作用。

1. 智能感知

智能技术的敏感性为智能感知的实现提供了条件，随着RFID、红外线感应、蓝牙、WIF及GPS等自动感应设施的完善，用户身份、特征、活动、时间、地点的信息数据能够及时被收集，形成具有唯一识别特征的用户数据画像，为后期用户的精细化管理、精准化营销和知识服务提供准备。智能感知是知识服务的前提和基础，只有通过智能感知设备精准掌握用户动态特征，及时了解用户需求，才能提升知识服务效率。

2. 智慧搜索

用户通过智能终端设备主动嵌入图书馆的搜索引擎，搜索各种形式的电子资源，如文档、图片、音、影、视频等资料，不受时间和空间限制，根据本人意图，反复搜索，保证搜索可靠性和全面性，避免在大量数据中做无效搜索。智慧搜索缩短了知识服务时间，为用户节省了更多精力，使

---

[1] 曾子明, 宋扬扬. 面向读者的智慧图书馆嵌入式知识服务探析 [J]. 图书馆, 2017 (3): 84-89; 100.

[2] 柳益君, 李仁璞, 罗烨, 等. 人工智能+图书馆知识服务的实现路径和创新模式 [J]. 图书馆学研究, 2018 (10): 42; 61-65.

其能在短时间内获得大量有效信息，为知识生产和知识储备提供了条件，并在知识服务环境下实现个人的社会价值。

3. 智慧推荐

基于知识服务的智慧推荐包括三大模块：以知识库为核心的智慧推荐、以需求为核心的智慧推荐和以升级的个性化推荐体验。这三大模块是根据资源知识挖掘、用户深度需求和用户心理行为规律而得出来的，在推荐内容的权威性和专业性、用户深度需求预测及个性化推荐体验等方面起到决定性的作用。通过知识库为核心的智慧推荐，可以最大化提高资源利用率，并使用户获得更权威、更专业和更有价值的知识信息；以需求为核心的智慧推荐则通过比较用户个体相似性和差异性，揭示用户显性和隐性、明确和模糊的需求意愿，掌握用户需求规律，预测用户未来的需求方向，向用户提供特殊的个性化知识信息；以升级的个性化推荐体验是以"用户画像"为基础的智慧推荐方式，根据每个用户的独特画像，为其提供有针对性、人性化、个性化的知识推荐体验，提升他们的满意度和黏着度，并充分调动自身积极性和主动性，将体验感受分享拉荐给他人，让更多人参与体验推荐[1]。

4. 智慧展示

"互联网+图书馆"智慧知识展示更生动、活泼、有趣，可以将枯燥的知识以图片、音影及动画等形式来进行展示，也可以用增强现实的虚拟图书馆加以推广，还可以利用穿戴设备等让用户身临其境去感受。它体现出图书馆的人文关怀和贴心服务，例如：为保护用户视力，自动调整阅读文字的大小；为解决用户困惑，进行远程视听讲解；为增加用户兴趣，提供音、影、画的视听资料；等等，将枯燥的知识转化为生动的生活常识、

---

[1] 王颖纯，董雪敏，刘燕权. 基于知识挖掘的图书馆智慧推荐服务模式 [J]. 图书馆学研究，2018（9）：37-43.

将死板的文字材料转化为活泼的动画作品、将深奥的知识文化转化为有趣的亲身体验。总之，随着"AI+5G"技术的发展，智慧知识展示将变得更加简单有趣，不仅能为知识服务增光添彩，而且能体现新兴科技的无限魅力。

5. 评价反馈

评价反馈是对知识服务效果的检验与总结，图书馆利用智能评价反馈系统，自动收集、获取和评估用户对知识服务的感受和体会等大数据，将用户感兴趣的知识资源、喜欢的知识服务方式、关注的前沿知识热点等数据汇集起来，通过大数据筛选及云计算提炼，形成可参照的可靠数据，对图书馆提供的知识服务进行比较分析，评估图书馆需要提供什么服务、怎样提供服务、服务的效果如何，并通过智慧终端推送来了解用户的兴趣及其接受程度，从而为提升和改进服务方式和内容提供参考。

四、知识转化

知识转化是知识融合的最终落脚点，是知识形态的变迁和知识客体的自我更新，在知识生产和知识传播中起着举足轻重的作用，没有知识转化，知识生产只能以抽象的理论形式存在，体现不出它应有的价值和贡献，而知识传播也只能局限在短时期和小范围内，会因缺乏转化活力而不能得到长期、广泛、持续的关注。知识转化过程主要包括隐性转向显性、显性转向智能、智能转向智慧和智慧转向价值四个过程，使知识得以"转知成智、转智成慧"，实现知识的价值增值，并转化为社会生产力，推动人类社会的发展。

首先，隐性转向显性。隐性知识是潜藏在用户内部未被表示和高度个体化的知识，包括用户感知、认知、记忆、学习的内隐知识，其蕴含着创新创造的潜质；显性知识则是能明确表达和传播，并能被学习传授的知识，包括语言、书籍、文字、公式、符号等外显知识，是人类智慧的结晶。隐性知识转化为显性知识不仅能激发用户的内在潜力，而且能促进知识的价值增值，使知识不断更新、丰富和发展。图书馆通过对多来源、跨领域、大规模的异构数据进行实时、准确、智能的分析和提取，并利用知识处理技术实现知识单元的揭示、共享、关联和发现[1]，形成可靠的显性知识情报，不断输送给用户，让用户得到引导和启发，并借助智能手段对用户内化潜在的隐性知识进行追踪、揭示和挖掘，将用户潜在的隐性知识转化为可表达的显性知识，使知识得以增值、用户创造力得以激发。

其次，显性转向智能。显性知识包括静态知识和动态知识，其中静态知识是指可分离和可继承的知识，具有稳定、量变、有形的特征，而动态知识是指可运动变化的知识，具有活动、质变、无形的特征。信息技术和互联网的迅速发展，使静态知识不断被动态转化，动态知识不断被创新发展，知识的产生与学习、共享与交互、传播与应用得以空前高涨，这意味着智能的发展，智能是一种学习和创造知识的能力，它可体现为人的基本学习能力，如对语言、逻辑、空间、肢体运作、音乐、人际、内省的掌握程度，但更多体现为机器的学习能力，即人工智能，通过机器来模拟人的某些思维过程和智能行为，从而达到学习知识的目的。总之，显性知识学习转化为智能知识学习是未来知识生产、知识传播、知识创新的主要方向，它在促进知识应用的同时，不断推动着知识创造和知识创新。

再次，智能转向智慧。在互联网时代，智能偏向为机器的智慧和能力，即通过机器来模拟人类感知能力、记忆和思维能力、学习能力、自适应能力和行为决策能力等，但它缺乏人类所拥有的情感、道德和伦理修

---

[1] 刘晓娟, 李广建, 化柏林. 知识融合: 概念辨析与界说 [J]. 图书情报工作, 2016, 60 (13): 13-19; 32.

养，在知识转化进程中，将机器智能转化为人文智慧就显得非常重要，机器智能可以提高知识学习、知识获取、知识传播及知识创造的能力，但最终需要将其转化为以人为本的人文智慧，才能体现出图书馆为人类社会创造精神产品和精神财富的价值取向。图书馆的人文智慧体现在图书馆人的职业道德和价值追求中，在服务用户过程中充分发挥知识嵌入者、知识关联者、知识协同者与知识启发者的作用[1]，帮助用户去应用旧知、获取新知、开启智慧、创新价值。

最后，智慧转向价值。智慧既是一种聪明才智，又是一种创造思维能力，"互联网+图书馆"服务目的就是要开发智慧、创造价值，将人类的聪明才智和创造力转化为社会生产力，为人类社会创造更多价值和财富。图书馆充分利用现代科技手段不断生产、挖掘、整合、传播和扩散深度知识，将知识融入智能服务中，就是为了激发用户的创造潜质，使用户能充分发挥其聪明才智去潜心研究、努力学习和成功实践，将自身所学的知识转化为智慧创造，促进知识的创新和增值，从而实现自身的社会价值。

综上所述，深度的知识融合是一种高层次的智能知识服务过程，它能为用户提供智能解决问题的方法、帮助用户进行深度的科学思考、协助用户进行正确的科学决策，是一个集数据融合、信息融合、知识融合、智慧融合多层次的融合形态[2]，它将机器智慧与人文智慧结合起来，在知识增值和知识创新上，不断挖掘隐性知识，激发用户潜力，协助用户不断超越自身极限，去创造一个个奇迹，为社会做出应有的贡献。

---

[1] 黄幼菲. 公共智慧服务、知识自由与转知成慧 [J]. 图书与情报，2012（1）：10-13；82.

[2] 罗立群，李广建. 智慧情报服务与知识融合 [J]. 情报资料工作，2019，40（2）：87-94.

第五节 高效的跨界合作

　　互联网的发展打破了行业间的边界，缩短了时空跨度距离，模糊了学科专业界限，使各行业、各区域和各学科都相互融合、渗透和跨越，跨界合作已成为信息社会智慧服务必不可少的重要环节，是业界为谋求发展、提升效益而共享信息、资源和用户群的互利共赢行为，为各行各业带来新的发展契机。"互联网+图书馆"跨界合作是基于用户需求，利用新一代移动互联技术，将图书馆与其他行业或机构连接起来，通过资源、技术、管理的融合渗透，为图书馆拓展服务空间和谋求长远发展而进行的一系列合作实践[1]。跨界合作带给图书馆的不仅仅是资源的共建共享，还包括技术、人才、管理及服务的互联互通，给图书馆带来了新鲜体验，它秉承了互联网开放生态、连接一切的理念，将单个图书馆力量汇聚成众多图书馆合力，通过跨界实现社会资源最大化利用，体现出人与人之间、馆与馆之间、学界与业界之间的合作关系，是图书馆突破已有观念和体制禁锢，提升自身业务质量和创新能力的服务新形态。通过高效的跨界合作，使数据合作、系统合作和服务合作得到加强，实现了信息资源的共建共享、管理机制的协调一致、公共文化的均等服务、复合人才的联合培养，使有限的公共资源用于无限的社会服务，在全社会形成共同谋划、联合服务和合作创新的新局面。

---

[1] 默秀红."互联网+"背景下的图书馆跨界合作实践与思考[J].情报理论与实践,2018,41(11): 56; 79-82.

一、跨学科合作

学科是指以学术分类、教学科目、理论知识进行区分的科学门类，互联网打破了学科分类界限，使清晰的学科边界变得模糊和融合，同时也产生了一些交叉、边缘及新兴学科，跨学科合作成为促进学科发展和知识创新的增长点，它通过借助其他学科理论与方法来提升价值和效益，最终实现学科的共同进步和发展。"互联网+图书馆"跨学科合作，是指图书馆根据服务性质、专业知识、研究情况等，通过跨部门、跨专业和跨机构合作，将图书情报学嵌入不同学科门类，为其提供决策支持、科学研究和社会服务，并借助网络和技术的力量，完成交叉、边缘及新兴学科的求同和存异。

首先，跨部门合作。互联网打破了图书馆固有的组织结构，更倾向于"扁平化"管理模式，通过减少管理层级，让信息以最快方式得到传递和处理，在为用户答疑解惑上更直接、有效和方便，尽可能缩短用户的等待时间，而跨部门合作是实现扁平化管理最有效的方式，它解决了传统图书馆管理服务中存在的各自为政的弊端，而是以用户学科需要为标准，当用户提出需求请求时，有学科背景的图书馆馆员可以在第一时间内给予答复和解决，而不必局限在业务部门范围内，这种跨部门学科服务在网络技术支持下变得直接而迅速，不需要用户费时费力地层层反映，用户只需一个短信或文字表述，就可以得到迅速而满意的答复。因此，"互联网+图书馆"跨部门合作是跨学科合作的前提，只有让图书馆馆员跨越业务部门的限制，充分发挥自身学科专业优势，才能随时、随地、随意为用户提供便捷服务。

其次，跨专业合作。图书情报学作为一门信息管理专业，可以和任何一门专业产生联系，因为任何一门专业的发展都离不开文献信息的组织、存储、检索、咨询、分析和读者服务，它可以嵌入任何专业学科的学习、教学、研究和实践中，为其提供设备、资料、技术和人才等学科服务，辅助专业学科向纵深发展。"互联网+图书馆"使跨专业合作变得更简单便捷，图书馆只需搭建一个专业学科服务平台，将服务对象汇聚一起，针对不同专业所具有的不同特征，开展主动参与的个性化学科服务，通过将其嵌入用户科研或教学活动中，帮助他们发现和提供更多的专业资源和信息导航，为用户研究和工作提供针对性很强的信息服务，充分发挥图书馆的专业优势和特长。跨专业合作是一项图书馆主动参与的创新服务，只有通过合作，图书馆才会发现什么样的服务更适合用户、什么样的方法对专业发展才更有效，以及要怎样发挥专业优势，才能为学科专业添砖加瓦。

最后，跨机构合作。它是指在繁荣学术研究、推动学术交流的共同目标下，围绕学术生产和传播活动，没有隶属关系的不同学术机构以横向沟通方式进行协调、合作[1]。这里学术机构包括学术生产组织和学术传播组织两类，科研机构属于前者，而图书馆则属于后者，只有二者合作才能促进科研产品的产出和传播。"互联网+图书馆"借助互联网技术为跨机构合作提供了便利，其利用互联网搭建的学术交流平台，在辅助科研机构生产科研产品的同时，也协助其产出产品能够得到及时传播，通过开放获取和数字出版形式，可以实现知识产品的快速产出和成果兑现，减少中间环节，使学科知识能够及时得到应用和实践，为社会生产生活提供便利。科研机构与图书馆的合作可以实现双方的互利互赢，科研机构为图书馆提供知识产品来源，而图书馆为科研机构提供创作灵感，二者相互相衬、相得益彰，是跨学科合作的最佳体现方式。

---

[1] 罗雯瑶. 高校学报跨机构合作模式及意义 [J]. 中国编辑, 2020（5）: 64-67.

二、跨行业合作

"互联网+"给跨界带来了机遇，促使每个行业都在改变、整合、交叉和渗透，最常见的电商跨界，可以将任何一个行业纳入进来，进行网络销售、交易、支付和评价，在取得成功的同时，给每个行业带来了经济效益。"互联网+图书馆"是图书馆根据自身特点和发展情况与其他行业进行信息、资源、技术和用户群的合作和共享，拓展图书馆更广阔的发展空间为用户提供更优质的服务。图书馆经过多年的研究和实践，与政界、文化界、商界的合作服务已取得初步成效，无论是大学图书馆还是公共图书馆都能很好地融入其他行业，为自身带来业务拓展和服务效益，为图书馆的创新发展提供新思路。

1. 与政界合作

图书馆作为社会公共服务单位是政府主导的文化部门，在政策、资金、人员和管理方面都与政府部门有密切联系，加强和政府部门的业务合作，是谋求图书馆发展的必经之路。近年来，图书馆在顶层设计和数据收集方面与政府部门都有合作，在政府主导下进行资源建设、人员配置和业务拓展，图书馆只有将顶层设计融入政府的大政方针中，响应政府的号召，从最高层次上科学、合理、全面地规划图书馆的未来，设计出得体、实用、完善的顶层设计方案，并将其成果贯彻落实到实际工作中去，才能使图书馆沿着健康正确的方向发展[1]。自政府信息公开服务政策开放以来，图书馆在参与政府数据开放方面做了不少尝试，在协助政府收集、整理、保存、发布信息数据的同时，图书馆还为政府机构建立了信息查询数

---

[1] 陈群. "互联网+图书馆" 融合发展路径探析 [J]. 图书馆工作与研究, 2017 (12)：10-16.

据库、舆情交流平台、专家智库等，成为政府与群众沟通的桥梁，在政策宣传、信息查询、意见反馈等方面发挥着重要作用。

2. 与文化界合作

作为同是文化服务单位的图书馆与出版社、书店、博物馆、档案馆等有着密切的业务交流关系，这使"互联网+图书馆"与文化部门跨界合作成为常态。最早的尝试案例是2015年内蒙古图书馆与新华书店合作的"你选书、我买单"的"彩云服务"项目，这是图书馆跨界合作的第一次成功尝试，之后，许多图书馆都效仿这一做法，与书店建立起了以用户需求为中心的挑书、选书和购书模式，进而拓展到与出版商的合作，通过彩云服务平台，用户可以用手机进行扫码查询、地图寻书、在线下单、彩云传书等操作，实现挑书、选书和购书，并可以自动转借给他人，无须办理归还手续，有效节约用户时间，提升图书流通率[1]。此外，图书馆还与博物馆、档案馆建立了合作关系，三者在历史渊源、政策基础及社会职能上有相似之处，在互联网和大数据技术支持下，可以共同搭建数字资源服务平台，实现资源优势互补、数据交换使用和联盟合作服务，如广东省佛山市顺德区图书馆、博物馆和档案馆进行数字资源合作，为用户提供可以共享访问的数字文化资源，构建了公共文化服务保障体系，实现了公共文化资源均等化服务[2]。

3. 与商界合作

"互联网+"时代图书馆仅仅依靠自身力量很难完成跨界融合，只有通过与一些数据库商、软件开发商和金融服务商等合作，才能在有限的物力、财力和人力的情况下，通过合作来拓展服务内容和提升服务效益。首

[1] 默秀红. "互联网+"背景下的图书馆跨界合作实践与思考[J]. 情报理论与实践，2018，41（11）：56；79-82.

[2] 蔺梦华，甘子超. 公共文化服务体系下县域图书馆、博物馆、档案馆合作发展模式探析——以佛山市顺德区为例[J]. 图书馆理论与实践，2019（9）：72-75.

先，图书馆与数据库商的合作，可以丰富资源内容，更好地为用户提供便捷服务，如与中国知网（CNKI）、维普咨询、超星发现、Springer Link、ScienceDirect等数据库商合作，方便了用户对资源的检索、浏览、下载和引用。近年来，数字阅读的兴起，使图书馆对电子资源的采购已远超纸质资源，采购成本也持续叠加，图书馆只有和数据库商、出版商进行合作，推广惠及三者的数字出版，才能形成良性互动，互惠互利的良好局面。其次，图书馆与软件开发商合作，开发手机图书馆、移动图书馆、微信服务和微博服务等功能，为图书馆搭建新型共享服务平台，解决图书馆缺乏计算机专业技术人才的困境，提升软硬件基础设施服务能力。例如，2015年宁波市图书馆通过建立城市街区24小时自助图书馆、电视图书馆、手机图书馆等，全面推进智慧阅读，深受广大读者青睐，将阅读延伸至无处不在[1]。最后，图书馆与金融服务商合作。图书馆为拓展服务内容、扩大服务范围、提高服务效率，不断依靠科技实现创新发展，与互联网高新技术深度合作，如与腾讯、阿里等互联网企业合作开发支付宝、微信支付、蚂蚁金服等业务，浙江图书馆的"U书"快借服务利用微信、支付宝服务，打造了一个集办证、采购、借阅、物流于一体的线上借阅平台，实现了图书馆便捷的线上线下服务，用户足不出户，就可以读到心仪的图书。此外，图书馆还与一些咖啡馆、茶楼、花店、地铁站、飞机场等进行合作，为用户打造"城市第三空间"，营造一个全民阅读的社会氛围。

总之，图书馆利用"互联网+"思维实现的跨行业合作，是图书馆最有代表性的跨界合作方式，在拓展图书馆业务、扩大服务范围、丰富服务内容和提升服务效益等方面起着重要作用，是图书馆在互联网时代转型升级的重要路径。

---

[1] 刘芳. "互联网+公共图书馆"：服务创新与转型发展[J]. 图书馆杂志, 2016, 35 (8)：42-48.

三、跨区域合作

中国幅员辽阔、地大物博、民族众多，各个地区政治、经济、文化、科技发展不平衡，用户因受时空限制、地域差异及城乡差别的影响，很难得到公平公正的公共文化资源服务，而互联网的兴起，打破了这种因地域因素引起的不平衡问题，将在全社会实现公共文化均等化服务。图书馆作为一个公共文化服务场所，在保障公民文化权益、维护社会公平和落实公共文化均等化服务方面承担着重要责任，利用"互联网+"思维，可以从地理位置上、发展程度上和行政级别上进行跨区域合作，缩小地区之间的数字鸿沟，实现公共文化服务全域、全时和全员覆盖。

首先，从地理位置上合作。中国地理位置特殊，地区分布各异，可以分东北、华北、华东、华中、华南、西南、西北等几大区域，这些区域面积广、跨度大，要加强合作实属不易，但在互联网时代，地理位置造成的距离都不是问题。"互联网+图书馆"跨地理位置合作是提升图书馆跨界合作效益的最直接表现，它不仅可以解决资源共建共享问题，而且可以提升图书馆的服务效益，让泛在化服务惠及每一位用户。图书馆联盟是跨地理位置合作最常用的方式，它将同一个地区或不同地区的图书馆联合在一起，依照共同认可的协议和合同而建立起来的图书馆联合体。当前全国跨区域联盟大大小小的案例不计其数，比较成功的有中国数字图书馆联盟、中国高等学校数字图书馆联盟、中国高等教育文献保障系统（CALIS）、国家科技图书文献中心（NSTL）、首都图书馆联盟、天津市高校数字化图书馆联盟、长三角图书馆联盟、福建省高校数字图书馆联盟（FULink）、深圳文献港等，这些图书馆联盟都是依托互联网而建立起来的文献信息保障平台，通过资源共享、馆际互助或文献传递等方式，为用户提供文献资源服务，解决了因单个图书馆资源短缺而提供单一服务，使广大用户能够跨越时空局限而共享社会公共文化资源。未来，5G新兴技术将为图书馆联盟注入新的活力，远程会议、视频发送和咨询互动等将变得更加便捷，无论是在本地还是在外地使用图书馆都无差别，图书馆的服务将无处不在、无处不有。

其次，从发展程度上合作。图书馆因发展理念不同而造成其发展程度有所差异，对于那些资金充裕、馆藏丰富、技术过硬和人才济济的重点大学图书馆及国家级图书馆，它们具有积极开拓的创新思维，并善于发现和勇于实践，在新兴技术的应用方面走在时代前列，如国家图书馆很早以前就开通了"掌上国图"手机图书馆服务，作为其重要服务形式之一，在信息咨询、移动检索、读者服务、资源阅读等方面为用户提供服务和资源，不断跟踪信息技术的发展及用户的使用习惯，优化用户体验，在行业内起着优秀典范作用。而对于一些中小型图书馆，因资金、资源、技术和人才的短缺，在发展程度上跟不上时代发展节奏，面临被一步步边缘化的危险，要解决这些图书馆的发展困境，唯有主动寻求合作伙伴，借助实力强大的图书馆力量来进行突破。信息网络技术的发展为这种合作提供了便利和机会，图书馆与图书馆之间不需要花费太多人力、物力和财力，只需搭建信息共享平台，将本馆数字图书馆联网，就可以实现双方的合作共赢。因此，在互联网浪潮的冲击下，图书馆要想立于不败之地，只有依靠团队的力量，建立跨界合作关系，互帮互助、互通互信，构建一个完善的信息保障体系，才能将图书馆事业发扬光大。

最后，从行政级别上合作。图书馆因隶属不同主管单位和服务不同人群在行政级别上有所差异，如高校图书馆主要以服务本校师生员工为主，它根据学校隶属的上级主管单位而受管辖，而公共图书馆主要以服务本市市民为主，它主要受所属行政部门领导管辖。通常情况下，隶属越高级别主管单位，图书馆的发展越好，因为可以在资金、技术、人员方面得到保障；相反，隶属越低级别主管单位，发展前景堪忧，没有足够的资金支持，更谈不上技术和人员保障。但是，"互联网+"可以将各级各类图书馆连接在一起，提供"去中心化"服务，而不再有高低行政级别之分，任何一个高级别图书馆与一个低级别图书馆都可以共用公共社会资源，都可以利用互联网为任何一个用户提供相应服务，这种打破条块分割、跨越行政级别上的合作服务，使图书馆不再因行政级别差异而享受到不公正待遇，也让用户不因所处地域差别而享受不到社会公共文化服务，即使在边远山村小镇，因为有互联网的存在，所以可以享受到大城市或发达地区的图书馆资源。因此，"互联网+图书馆"要充分挖掘合作需求、合作可能性与合作机制，寻求多元的合作伙伴、开拓多样的合作途径，通过跨界合作更好地提供公共文化服务、参与文化创意产业建设，进一步保障公民权利、促进社会公平。

综上所述，高效的跨界合作是"互联网+图书馆"发展的必然趋势，是图书馆利用新兴技术进行自我革新、融入时代发展的重要表现，它不仅实现了图书馆与其他行业资源的互补共享、合作共建，而且实现了人力资源、资本、信息、技术等要素的深度整合[1]，为用户提供更加优质的服务，在深化服务内涵、扩展服务外延及催生服务创新等方面起到了重要作用。未来，基于知识供应链的纵向合作、基于利益相关者的横向合作和基于用户工作流的适应性跨越合作将是"互联网+图书馆"发展的主要方向[2]，为用户提供全方位、多层次、立体式的智慧跨界合作将为图书馆发展提供新挑战和新机遇。

---

[1] 司姣姣. "互联网+"环境下图书馆跨界融合的实践与模式［J］. 图书情报工作, 2017, 61（20）: 87-96.

[2] 刘玲, 齐诚, 马楠. 互联网+时代图书馆跨界融合研究［M］. 北京: 经济日报出版社, 2018: 54-67.

第六节 人性的营销策略

"互联网+图书馆" 智慧服务除在资源、空间、技术、知识及跨界方面进行变革外，还需要提供人性化的营销策略。一项新技术的尝试和一项新业务的开展，仅仅依靠图书馆单方面的投入或努力，而不考虑尊重和满足用户的基本需求和基本愿望，将处于闭门造车的尴尬境地。因此只有迎合用户兴趣、吸引用户眼球、得到用户认可，让用户感到方便、舒适、满足、温暖和感动，才能调动用户使用和尝试的主动性和积极性，进而参与到新技术、新模式和新应用的体验中来，为拓展图书馆服务空间、服务范围、服务手段和服务内容提供保障。"互联网+图书馆" 在营销手段、营销渠道和运行机制上将超越传统图书馆的营销模式，其覆盖面、速度、效益将更宽泛，并借助网络技术提升用户体验感和认同感，实现双方线上线下互动交流，在提高用户黏着度的同时，通过反馈平台接收用户的意见和建议，从而形成互利共赢的服务生态圈。

一、多元化的营销手段

图书馆在实施一项新技术、新业务或新应用时，离不开必要的宣传推广，也就是所谓的营销，让更多用户知晓这项业务，并吸引用户来体验和使用这项业务。图书馆传统的做法是通过宣传栏、电子屏、短信或主页链接进行广告发布，这样的推广方式较单一、被动，且受众面较窄。而"互联网+图书馆" 采用线上线下、泛在化与精准化相结合的多元营销手段，大大提升了营销推广的频率和效率，为更多用户和个性化用户提供差异化服务。

首先，线上线下营销服务。它是借助互联网和数字技术，将线下的业务、服务和资源扩展至线上，统一整合资源和服务，丰富服务提供方式，创新创造业务模式[1]。虚拟线上营销服务是指图书馆通过利用大数据思维集成、聚合、重组和关联所有的数据资源，将传统馆藏资源向信息层、知识层的数据资源转换，通过互联网将不同时间、空间、地域、行业的数据资源关联到一起，利用手机客户端、微信平台和虚拟图书馆等对数据资源进行推送服务，让用户能够利用便捷的阅读工具来浏览检索、在线阅读、收藏保存和互动转载，不需要借助纸质材料就可完成阅读和研究。这种虚拟营销方式已成为"互联网+图书馆"主要推广方式，它具有简单、快捷、方便和直接的特征，减少了许多中间环节，直接送达用户端，而且不受时空限制，用户可随时、随地、随意获取，是当下最流行的图书馆阅读推广方式。实体线下营销服务不是传统图书馆通过电子屏、粘贴通报、窗口咨询等进行的推广宣传，而是指图书馆利用互联网环境来进行的营销服务。通过网络发布、推送和展示用户感兴趣的服务项目，用户可以自主选择自己喜欢的类型，利用订阅、点评和咨询等方式反馈给图书馆，然后图书馆再根据用户需求来安排线下活动，让用户亲身体验和参与实体服务，这种有目标和针对性的实体服务，避免图书馆脱离用户需求而进行单边规划服务。而是让用户来参与和提供需求，使服务有的放矢，并加强了图书馆和用户的联系，提升了用户对图书馆的好感[2]。

其次，泛在化营销服务。"互联网+图书馆"利用物联网、大数据、云计算、人工智能等新兴技术可以实现泛在化服务。物联网可以感应生成

---

[1] 涂世文, 金武刚. "互联网+图书馆"服务创新发展——《公共图书馆法》"线上线下相结合"要求研究[J]. 图书馆, 2018（7）: 10-14; 83.

[2] 陈群. "互联网+图书馆"融合发展路径探析[J]. 图书馆工作与研究, 2017（12）: 10-16.

各种各样的大数据，云计算将这些大数据进行提炼、整理、分类和存储，形成有价值的用户信息数据、行为轨道数据、导航定位数据、兴趣偏好数据等，通过智能识别、智能跟踪和智能推送等方式为用户提供泛在化服务，这种泛在化服务没有特定对象、特定内容和特定方式，都是通过互联网将人与人、物与物及人与物等智能连接起来，只要有网络的地方就可以有图书馆的服务，只要用户有需求就可以得到图书馆服务，就如淘宝、当当、京东、拼多多等电商平台一样，只要用户输入某种商品，系统就能感知到用户需求，自动跳出相关产品，或者只要用户点击某一种商品，与之相关的链接就附带跳出来，用户哪里有需要哪里就有服务，服务无处不在、无处不有。人工智能和大数据的应用给泛在化营销服务带来了不一样的体验，人工智能可以自动抓取用户画像，识别用户的性别、年龄、潜在需求等，构建多维度的用户分析模型，实现需求场景自动匹配和推广资源自动投放，并支持语音、游戏、问答等多种交互方式，让用户在愉悦的氛围中增强对资源的理解和增加推广项目的好感度[1]。通过场景化展示和推广，可以激发用户的体验兴趣，使用户主动接受图书馆提供的营销服务。总之，泛在化营销服务是图书馆在互联网时代最常用的服务手段，基于用户需求的泛在网络、资源、技术和服务将无处不在、无时不有，用户无论在何时何地都可以获得图书馆服务，甚至用户可能还没有意识到却已经利用到了图书馆的资源或者得到了图书馆馆员的帮助[2]。

最后，精准化营销服务。"精准"指精练、准确，是时间观念中和空间位置上精细练达的准确。"互联网+"时代，数据量呈爆炸式增长，从移动互联网、到企业私有云及公有云数据平台，再到"感知万物"的物联

[1] 泛在化时代，场景营销的"破"和"立"[EB/OL]. 高力高科，（2019-09-20）[2020-09-30]. https://baijiahao. baidu. com/s? id=1645172299248928786&wfr=spider&for=pc.

[2] 刘兹恒. 图书馆未来发展的十大趋势[EB/OL]. 中国社会科学网，（2016-04-08）[2020-09-30]. http://www. cssn. cn/ts/ts_sksy/201604/t20160408_2958297. shtml.

网等，数据早已经渗透到各行各业，成为重要的生产要素，作为信息资源集散地的图书馆也不例外。资源数据、用户数据、门禁数据、借阅数据、资源利用数据、访问数据等每时每刻都在产生，其体量大、种类多、流转快，给图书馆服务带来了困扰和挑战，面对海量增长的大数据信息，图书馆唯有采取精准化营销服务，才能适应网络信息社会的发展。图书馆精准化营销服务是指以驱动用户参与为目标，根据用户心理和行为特征，对不同用户进行定性和定量的细致分析，提供一对一的个性化服务，主要体现在精准信息获取、精准用户推广、精准资源推送、精准决策预测等几个方面。精准信息获取是指图书馆利用新兴技术对用户信息进行精准收集，如收集用户的描述信息（姓名、性别、年龄、兴趣、职业等），行为信息（借阅、检索、咨询、关注、转载、评论等）和关联信息（交友、注册、消费、轨迹等），找到用户的共性，为精准营销做准备；精准用户推广是指图书馆针对目标用户提供其感兴趣的营销方案和推广内容，吸引用户积极参与和体验，以达到图书馆既定营销效果，如根据借阅情况把用户分成借阅达人、一般用户、潜在用户等，为借阅达人提供优先预约、借期延长、相关书籍推送、新书主动推送、免费跨馆借阅等个性化服务，为一般用户推送图书馆日常服务内容，为潜在用户提供兴趣关联服务[1]；精准资源推送是指将图书馆精品资源推送给有相关需求的特定用户，图书馆可以根据学科专业划分特定用户，协助他们自助申购、自助分享、自助借还，并针对他们的特定需求制定个性化学科服务方案，实现点对点、一对一的资源投放服务；精准决策预测是指图书馆利用庞大的大数据关联功能分析用户个性特征、兴趣爱好、行为习惯及活动规律等数据信息，精准预测用户未来的行动轨迹或心理需求，以达到提前预判结果，为用户提供决策支

---

[1] 豆洪青, 刘柏嵩. 互联网+图书馆: 要素、模型与服务 [J]. 情报资料工作, 2017 (3): 91-95.

持。总之，精准化营销服务是"互联网+图书馆"多元化营销服务必不可少的重要手段之一，它是图书馆人性化服务的重要体现，拉近了用户和图书馆之间的距离，提升了用户忠诚度。

二、全方位的营销渠道

传统营销渠道主要通过电视、广播、报纸、刊物、户外等对服务项目进行宣传推广，告知用户相关事项。"互联网+图书馆"营销渠道是以调动用户主动性和积极性为主旨，借助互联网环境，人人都可以成为发布内容的传播主体，其传播媒介和传播对象都发生了改变，由传统媒介变成了基于互联网的新媒介，由权威媒介组织变成了任何人皆可成为传播主体。因此，基于互联网技术发展起来的自媒体、新媒体和全媒体成为"互联网+图书馆"主要营销渠道，其传播的深度、广度和速度都是传统营销手段无法企及的，已成为互联网时代图书馆重要推广传播渠道。

首先，自媒体是传播核心。自媒体是指普通大众通过网络等途径向外发布自身的事实和新闻的传播方式，是人们追求一种简单、快捷、趣味性需求的表达方式。其内容包括一些规范性及非规范性信息，具有私人化、平民化、普泛化、自主化特征。中国自媒体发展主要分为四个阶段：2009年新浪微博上线，引起社交平台自媒体风潮；2012年微信公众号上线，自媒体向移动端发展；2012—2014年门户网站、视频、电商平台等纷纷涉足自媒体领域，平台多元化；2015年至今，直播、短视频等形式成为自媒体内容创业新热点[1]。随着5G网络技术发展，"互联网+图书馆"将更加频繁地利用自媒体来作为内容的传播核心，它的碎片化、短视频、自

---

[1] 白冰茜.自媒体的发展研究［J］.新媒体研究, 2018, 4（6）: 109-110.

主性等特性越来越受广大用户青睐：一方面，它能够在短时间内、以丰富的短视频方式表达各种各样心情，充分展现出个人性格、特征、喜好、情绪等内容，无论从商业角度还是个性表达角度都具有直观、简洁、明了的优势；另一方面，它可以通过个人力量带动大众力量，用户可利用网络社交工具，如博客、微博、微信、百度官方贴吧、网络论坛等，将自己亲眼所见、亲耳所闻的事件进行发布，形成讨论热点或热门话题，吸引更多用户来参与或发表观点。因此，图书馆可以利用自媒体的传播力量来进行阅读营销推广，利用名人效应或圈粉效应来吸引众多用户关注，将好书、新书、经典图书利用短视频或名人推荐方式进行宣传推广，让用户成为传播主体，形成一传十、十传百、百传千的传播效应，营造全民阅读的氛围。

其次，新媒体是传播载体。新媒体是利用数字技术（如计算机网络、无线通信网、卫星等渠道，以及电脑、手机、数字电视机等终端）向用户提供信息和服务的传播形态。它是当下最流行的信息传播载体，借助移动互联网技术，从早期的网站、论坛，到后来的博客、微博，再到现在的微信、抖音等，解构和重构自身与传统媒体的格局，实现了点对点传播[1]。其互动性强、覆盖面广、传播途径多、传播速度快、反馈及时等特点，具有传统媒体无法企及的营销优势。近年来，"互联网+图书馆"广泛运用新媒体营销来提升图书馆的服务质量和服务效率，并取得了初步成效，以南京大学图书馆新媒体营销实践为例，该馆在全馆范围内建立了微信共建团队，制定了一个全年无休的活动时间轴，并针对每一次活动进行用户细分，采用不同的营销策略，实现线上线下融合式的营销，在提升用户黏性方面收获了良好的营销效果；同时，该校另一个新媒体营销活动"上书房行走"也取得了良好口碑，图书馆邀约南京大学文、理、工等十余个不同

---

[1] 李雪,沈雷.服装品牌在新媒体环境下的营销策略研究[J].丝绸,2020,57(10):65-70.

院系的老师、学生、校友参与活动，从不同角度讲好故事、配好图片、写好文章，分享买书、藏书、读书、写书和治学的经历和经验，该活动通过微信推送和微博分享等形式为不同系科之间、师生之间、校友之间提供了一个交流平台，在师生员工中引起强烈反响，成为新媒体营销的一个成功范例。近年来，以短视频、直播App为代表的新媒体营销平台在宣传图书馆服务品牌、推广阅读活动及通报新书情况等方面崭露头角，它迎合了用户碎片化、浅阅读、新鲜感的需要，用直观、简洁、生动的形式实现了图书馆的成功营销。因此，借助新媒体这个新兴传播载体，"互联网+图书馆"将在智慧服务的道路上越走越顺。

最后，全媒体是传播手段。全媒体是指传统媒体和多媒体相互融合，以实现媒体之间的跨界营销。它不仅包括电视、广播、报纸、刊物、户外广告等传统媒体，而且包括可解决时间和空间局限性，集声、图、动画等于一体的多媒体，传统意义上的三网融合实现了电信网、广播电视网和互联网的互联互通和相互渗透，为用户提供了多样化、多媒体化、个性化的营销服务，但随着社交媒体的兴起，直播互动和面对面交流越来越受用户青睐，特别是"AI+5G"技术的诞生，使万物互联变成现实，全媒体融合服务已成为时代所需，并逐步应用于社会生活的各个领域，如5G全媒体春晚收视、远程会议直播、机器臂医疗手术和智慧交通系统等，全媒体服务实现了任何人、任何时间、任何地点以任何终端获得任何信息的智慧获取服务。"互联网+图书馆"也需要进行全媒体跨界营销服务，根据用户群体特征，编辑更简洁、精练和吸睛的营销内容，以交互、体验和树口碑的营销方式，将"媒体、用户、服务"连接起来，将所有媒体都变成营销主体，将每个人都变成营销媒体，使营销无处不在、无时不有，构筑全方位、多渠道、立体化的全媒营销体系。

三、常态化的营销机制

图书馆要拓展营销手段和拓宽营销渠道，需要创新一套科学合理、常态化的营销机制，以保证营销的成功运营，"互联网+图书馆"运用物联网、大数据、云计算等技术掌握用户的心理状态、活动轨迹、生活规律、兴趣偏好和社交方式等，从用户角度去创新营销途径，与用户之间建立信任关系和沟通平台，从而达到积极、主动和适时营销的效果，让营销成为用户快乐的体验、主动的接收和不可或缺的需求，形成一种常态化的服务模式，实现图书馆与用户的共赢。常态化营销机制主要包括良好的品牌效应、愉悦的体验感受、积极的互动交流、定期的效果评估四个方面，对评价图书馆的营销成效具有重要作用。

（一）良好的品牌效应

互联网时代，社交网络异常发达，各种QQ群、微信群、好友圈、讨论组、兴趣社区层出不穷，每个人都拥有为数不少的各种社交软件和社交圈，只要有一点爆炸性的讯息，就能在几小时内传播到各个角落的每个人手中。基于这样的传播速度和传播力量，"互联网+图书馆"有必要利用网络营销来建立自己的品牌形象，借助拥有数亿人的互联网平台来赢取良好的口碑效应，让用户在得到服务的过程中获得满足感和荣誉感，从而形成对外逐步递增的口头宣传效应。以小米手机品牌营销为例，小米手机曾经依托"快""好看""开放"的口碑节点，利用新媒体途径，通过人与人之间的交互关系和信任程度，将相关产品和口碑信息进行传递，从而促进产品的稳定销售[1]。借鉴小米品牌营销经验，图书馆也可以打造自己独有的服务品牌，如广州图书馆新馆为视障群体和弱势群体设置专门的阅读

---

[1]　李青蔚. "互联网+"背景下小米公司营销策略创新研究［D］. 郑州: 华北水利水电大学, 2019.

室，并在数字图书馆的网页设计语音朗读部分，让用户体会到图书馆的人文关怀，图书馆依托这个品牌，通过各类社交媒体（微博、微信公众号、抖音等）进行实时宣传互动，吸引用户注意，打造良好品牌形象；同样，上海图书馆对世博会文创产品的创作也是品牌营销的一大创举。因此，这两个图书馆都成为当地标志性旅游打卡圣地，不但是图书馆品牌营销的优质案例，还是文旅融合的成功典范[1]。由此可见，品牌效应在图书馆营销中起着重要引领作用，在网络发达的今天，图书馆不需要投入太多人员和资金，只需用心打造和经营自己的品牌，就会收获更大的社会效应。

（二）愉悦的体验感受

"互联网+图书馆"经过新技术改造和升级，将给用户带来全新尝试和感受，吸引他们的注意力和参与热情，在愉悦体验中成为图书馆的忠实用户。人工智能和5G时代的到来，为"互联网+图书馆"增添了新活力，高性能智能终端为用户提供完整的功能和较好的体验，在信息传输、信息处理和设备控制等方面更加智能和灵敏，使用户更愿意通过网络来参与、表达和展现自我。图书馆可以通过网络直播来进行营销，吸引用户参与实时互动，让用户在与主播互动的过程中找到一种存在感和满足感，也可以通过直播向用户推荐新书，使图书推荐变得更加立体化，激发用户的阅读欲望。图书馆还可以利用虚拟现实技术，通过与用户视觉、听觉、触觉等感觉器官交互来模拟人在自然环境中的行为，让用户在纯粹的虚拟环境中，借助必要的设备实现与虚拟环境的交互，获得身临其境的感觉[2]。除技术带来的愉悦感以外，图书馆还要考虑对用户的人文关怀，包括温和的态度、温柔的语言、温情的问候等，最重要的是要加强用户个人隐私保

[1] 李瑶，李菲，柯平. 我国公共图书馆品牌营销模式构建及应用［J］. 图书情报工作，2020，64（14）：26-33.

[2] 陆颖隽，程磊. 基于虚拟现实技术的图书馆信息资源建设与服务创新研究——以CADAL为例［J］. 图书与情报，2017（4）：8-12.

护，这也是网络时代最大的安全隐患，防止用户身份信息泄露、数据信息丢失、研究成果被盗、访问网页披露等，为用户提供最大限度的信息安全保障，让用户放心、安心和愉悦地使用图书馆服务，提升其对图书馆的好感和信任度，这也是图书馆营销成功的重要体现。

（三）积极的互动交流

传统的互动交流是一群人通过问答、交谈、信件、电话、传真等来交换意见和解决某方面的问题，而互联网时代的互动交流是通过网络或社交媒体完成即时交谈和意见反馈，能第一时间完成主客双方的意见交换。"互联网+图书馆"利用微信、QQ、短视频、在线直播等新媒介平台，可以与用户展开交流，一方面进行图文互动，将图书馆的营销方案以文字和图片形式展示给用户，让用户参与进来，通过朋友圈转发与论坛发布帖子获取积分或奖励，享受图书馆提供的增值服务和特殊服务，通过用户的宣传推广和朋伴带动效应来实现图书馆的互动营销；另一方面进行视频互动，图书馆可以在某一固定时间开始视频直播，并设置问答和抽奖环节，有效吸引和带动用户关注，通过直播来宣传图书馆最新业务、最新技术和最新服务，并激励用户参与互动，调动用户情绪，提升直播效果，还可以设置回放功能，让用户随时可以收看直播内容，了解直播情况，通过留言反馈自己的意见和看法。总之，积极的互动交流是"互联网+图书馆"与用户之间沟通的重要渠道，图书馆只有通过了解用户的想法，才能调整服务方向和改变服务策略，而用户只有通过积极参与互动，才能将自己的诉求反馈给图书馆，让图书馆及时有效地帮助自己，图书馆与用户之间只有相互配合、相互融合，才能相得益彰。

（四）定期的效果评估

效果评估就是一个反思总结的过程，通过定期对营销策划、工具、手段和结果进行评价，了解营销效果、确定营销方向、改变营销策略，使营销服务得到进一步优化。不同的营销渠道需要用不同的评估方法，才能得出客观科学的结论。例如：对传统营销服务的评估，主要采取问卷法、访谈法和统计法，可以了解用户对营销方案的认同度、营销活动的参与度及营销效果的满意度等；对网站营销服务的评估，主要通过用户的注册率、点击率、收藏率、转载率等来确认营销效果的好坏；对微信营销服务的评估，则通过到达率、打开率、阅读率、参与率、停留时间来确认用户对营销的兴趣及忠诚度。不同的营销手段也许会收到不同的营销效果，在进行效果评估时应该从全面和整体的角度考虑，不能因为一次或一时的效果来判断营销成功与否，而是要进行持续的定期评估。大数据和云计算为长期持续的定期评估提供了条件，排除主观干扰，而采用一系列客观数据来证明营销效果，使评估结果更真实可靠，特别是在"互联网+图书馆"的营销服务中，只要用户上网，就会留下痕迹，也就会有大数据记录，用户的所有运行轨迹、参与程度、上网规律等都会被计算机真实记载，图书馆随时可以进行效果评估，从而总结出营销成败的经验，为后期制定出更有效的营销策略做准备。

综上所述，"互联网+图书馆"只有通过多元化营销手段、全方位营销渠道和常态化营销机制，才能深入、全面和持续地吸引用户关注，让用户体验到图书馆所提供的开放服务环境、交互服务空间、智能服务手段、专业服务内容和高效服务合作，充分认识到图书馆所提供的帮助，乐意接受和愿意参与图书馆的各种服务，并利用自身的号召力和传播力，协助图书馆做好宣传推广工作，使自己受益也让别人受益，在图书馆提供的网络知识空间里不断探索和自由翱翔。

参 考 文 献

一、研究著作

[1]　徐岚. "互联网+"与图书馆 [M]. 成都: 电子科技大学出版社, 2018.

[2]　刘玲, 齐诚, 马楠. 互联网+时代图书馆跨界融合研究 [M]. 北京: 经济日报出版社, 2018.

[3]　周建芳. "互联网+"图书馆 [M]. 成都: 四川大学出版社, 2018.

[4]　周新丽. 物联网概论 [M]. 北京: 北京邮电大学出版社, 2016.

[5]　李爱军. 物联网基础教程 [M]. 成都: 西南交通大学出版社, 2016.

[6]　秦志光. 智慧城市中的物联网技术 [M]. 北京: 人民邮电出版社, 2015.

[7]　张光河. 物联网概论 [M]. 北京: 人民邮电出版社, 2014.

[8]　王正伟. 零距离接触云计算 [M]. 北京: 化学工业出版社, 2016.

[9]　霍雨佳, 周若平, 钱晖中. 大数据科学 [M]. 成都: 电子科技大学出版社, 2017.

[10]　侯莉莎. 云计算与互联网技术 [M]. 成都: 电子科技大学出版社, 2017.

[11]　申时凯, 余玉梅. 基于云计算的大数据处理技术发展与应用 [M]. 成都: 电子科技大学出版社, 2018.

[12]　刘宁, 钟莲, 赵飞. 云计算与大数据的应用 [M]. 北京: 北京工业大学出版社, 2017.

[13]　吕云翔. 云计算与大数据技术 [M]. 北京: 清华大学出版社, 2018.

[14]　林崇德. 中国少年儿童百科全书: 科学·技术 （经典版） [M]. 杭州:

浙江教育出版社, 2017.

[15] 杨爱喜, 卜向红, 严家祥. 人工智能时代: 未来已来[M]. 北京: 人民邮电出版社, 2018.

[16] 李开复, 王咏刚. 人工智能[M]. 北京: 文化发展出版社, 2017.

[17] 项立刚. 5G时代[M]. 北京: 中国人民大学出版社, 2019.

[18] 中国图书馆学会. 中国图书馆员职业道德准则试行[M]. 北京: 北京图书馆出版社, 2003.

二、学术论文

[1] 梁光德. 智慧服务——知识经济时代图书馆服务新理念[J]. 图书馆学研究, 2011(11): 88-92.

[2] 韩翠峰. "互联网+"环境下的图书馆服务转型与发展[J]. 图书与情报, 2015, (5): 29-32.

[3] 陈群. "互联网+图书馆"与海量用户共享阅读模式研究[J]. 四川图书馆学报, 2019(1): 56-60.

[4] 刘芳. "互联网+公共图书馆": 服务创新与转型发展[J]. 图书馆杂志, 2016, 35(8): 42-48.

[5] 张兴旺, 李晨晖. 当图书馆遇上"互联网+"[J]. 图书与情报, 2015(4): 63-70.

[6] 叶福军. 互联网+背景下图书馆跨界融合的方向和机制研究——评《互联网+时代图书馆跨界融合研究》[J]. 图书馆工作与研究, 2018(12): 2.

[7] 张兴旺, 李晨晖. "互联网+图书馆"顶层设计相关问题研究[J]. 图书与情报, 2015(5): 33-40.

[8] 刘洵, 金席卷. "互联网+图书馆"信息生态位竞争力研究[J]. 图书馆工作与研究, 2016(11): 54-56.

[9]　豆洪青, 刘柏嵩. 互联网+图书馆: 要素、模型与服务 [J]. 情报资料工作, 2017 (3): 91-95.

[10]　吴明明, 刘华. 转型期学术图书馆的空间再造 [J]. 图书馆杂志, 2015, 34 (7): 32-36; 58.

[11]　李雯, 陈有志, 郑章飞. "互联网+" 时代高校图书馆组织结构变革研究 [J]. 图书馆, 2016 (11): 107-111.

[12]　袁红军. 图书馆智慧服务模式探析 [J]. 新世纪图书馆, 2017 (3): 22-25.

[13]　陈如明. 知识、创新、智能与智慧的相互关系及智慧城市定义与内涵解析 [J]. 数字通信世界, 2013 (5): 12-17.

[14]　司姣姣. "互联网+" 环境下图书馆跨界融合的实践与模式 [J]. 图书情报工作, 2017, 61 (20): 87-96.

[15]　李校红. 公共图书馆智慧服务研究: 关键要素、实现路径及实践模式 [J]. 情报资料工作, 2019, 40 (2): 95-99.

[16]　乌恩. 智慧图书馆及其服务模式的构建 [J]. 情报资料工作, 2012 (5): 102-104.

[17]　苏云. 大数据与人工智能双驱动的图书馆智慧服务研究 [J]. 图书与情报, 2018 (5): 103-106.

[18]　曹树金, 刘慧云. 以读者为中心的智慧图书馆研究 [J]. 图书情报工作, 2019, 63 (1): 23-29.

[19]　单轸, 邵波. 图书馆智慧空间: 内涵、要素、价值 [J]. 图书馆学研究, 2018 (11): 2-8.

[20]　冯宏声. 内容产业的合与分: 知识服务的多元化未来 [J]. 出版广角, 2018 (7): 6-8.

[21]　陈远, 许亮. 面向用户泛在智慧服务的智慧图书馆构建 [J]. 图书馆杂

志, 2015, 34 (8): 4-9.

[22] 王世伟. 融合图书馆初探 [J]. 图书与情报, 2016 (1): 54-61.

[23] 王世伟. 未来图书馆的新模式——智慧图书馆 [J]. 图书馆建设, 2011 (12): 1-5.

[24] 杨玉麟. 图书馆服务理念之我见 [J]. 图书与情报, 2010 (4): 4-6; 12.

[25] 陈群. "互联网+图书馆"融合发展路径探析 [J]. 图书馆工作与研究, 2017 (12): 10-16.

[26] 张向先, 郭顺利, 李昆. 新媒体环境下高校图书馆学科服务团队知识共享机理分析 [J]. 图书馆建设, 2017 (5): 79-86.

[27] 蔡小筱, 张敏, 郑伟伟. 虚拟学术社区知识共享影响因素研究综述 [J]. 图书馆, 2016 (6): 44-49.

[28] 曲蕴, 杨佳, 李妍. 图书馆信息技术应用趋势分析 [J]. 图书馆杂志, 2015, 34 (1): 13-19; 28.

[29] 匡文波, 江倩岚. 5G时代的媒体用户变化研究 [J]. 新闻与写作, 2018 (11): 66-70.

[30] 朱鹏威. "互联网+图书馆"视域下的高校学科服务平台建设研究 [J]. 情报科学, 2018, 36 (4): 91-94; 110.

[31] 浙江高校图情工委. 浙江省高校数字图书馆正式面向全省高校开通试运行 [J]. 图书馆研究与工作, 2011 (1): 21.

[32] 陈昌. "互联网+"环境下第三代图书馆"再中介化"建设 [J]. 国家图书馆学刊, 2017, 26 (2): 51-56.

[33] 默秀红. "互联网+"背景下的图书馆跨界合作实践与思考 [J]. 情报理论与实践, 2018, 41 (11): 56; 78-82.

[34] 刘晓清. "互联网+"图书馆行动计划的实践与意义——以浙江省公共图书馆为例 [J]. 图书馆理论与实践, 2017 (6): 22-24; 29.

[35] 邵莉娟, 叶宏信. 物联网: 影响图书馆的第四代技术 [J]. 图书与情报, 2010 (2): 90-92; 110.

[36] 徐军. 物联网与图书馆 [J]. 图书馆学刊, 2011, 33 (9): 103-105.

[37] 李峰, 李书宁. 基于物联网技术的智能图书馆发展研究 [J]. 图书情报工作, 2013, 57 (5): 66-70.

[38] 牛勇, 药丽雯, 杨丽梅. 图书馆物联网构建初探 [J]. 图书馆工作与研究, 2011 (10): 44-45.

[39] 郭军. 大数据与云计算的关系及其对通信行业的影响 [J]. 中外企业家, 2019 (25): 50.

[40] 薛海波, 梁爱东, 何开云. 云计算图书馆探析 [J]. 信息系统工程, 2013 (7): 16-18.

[41] 刘海鸥. 面向云计算的大数据知识服务情景化推荐 [J]. 图书馆建设, 2014 (7): 31-35.

[42] 储节旺, 陈梦蕾. 人工智能驱动图书馆变革 [J]. 大学图书馆学报, 2019, 37 (4): 5-13.

[43] 刘炜, 陈晨, 张磊. 5G与智慧图书馆建设 [J]. 中国图书馆学报, 2019, 45 (5): 42-50.

[44] 王勇旗. "5G+AI" 应用场景: 个人数据保护面临的新挑战及其应对 [J]. 图书馆, 2019 (12): 7-15.

[45] 人民论坛 "特别策划" 组. 1G到5G及其时代变迁 [J]. 人民论坛, 2019 (11): 10-11.

[46] 岳和平. 5G技术驱动的图书馆智慧服务场景研究 [J]. 图书与情报, 2019 (4): 119-121.

[47] 杨晓东. 5G与智慧图书馆建设 [J]. 中国新通信, 2020, 22 (14): 120.

[48] 黄幼菲. 公共智慧服务——图书馆知识服务的高级阶段 [J]. 情报资

料工作, 2012(5): 83-88.

[49] 郭隆霞, 巩玉金. 公共图书馆信息资源共享空间建设探究[J]. 才智, 2017(16): 240-241.

[50] 许鹏程, 毕强, 张晗, 等. 数据驱动下数字图书馆用户画像模型构建 [J]. 图书情报工作, 2019, 63(3): 30-37.

[51] 秦鸿, 李泰峰, 郭亨艺, 等. 人脸识别技术在图书馆的应用研究[J]. 大学图书馆学报, 2018, 36(6): 49-54.

[52] 张贺. 基于人脸识别技术的虚拟读者证办理[J]. 图书馆论坛, 2020, 40(7): 103-106.

[53] 王建新, 丁家友. 情景感知系统在智能图书馆中的应用研究[J]. 图书馆杂志, 2015, 34(7): 64-69.

[54] 周力虹, 韩滢莹, 屠晓梅. 国内外高校图书馆虚拟现实技术应用对比研究[J]. 图书与情报, 2017(4): 1-7.

[55] 孙鹏, 沈敏, 杨新涯, 等. 基于用户情境的图书馆智慧推送服务研究 [J]. 图书馆, 2019(3): 53-57.

[56] 戎军涛. 基于关联数据的知识组织深度序化机制研究[J]. 图书情报工作, 2015, 59(13): 134-141.

[57] 祝振媛, 李广建. "数据—信息—知识"整体视角下的知识融合初探——数据融合、信息融合、知识融合的关联与比较[J]. 情报理论与实践, 2017, 40(2): 12-18.

[58] 柳益君, 何胜, 冯新翎, 等. 大数据挖掘在高校图书馆个性化服务中应用研究[J]. 图书馆工作与研究, 2017(5): 23-29.

[59] 曾子明, 宋扬扬. 面向读者的智慧图书馆嵌入式知识服务探析[J]. 图书馆, 2017(3): 84-89; 100.

[60] 柳益君, 李仁璞, 罗烨, 等. 人工智能+图书馆知识服务的实现路径和

创新模式［J］.图书馆学研究,2018(10):42;61-65.

[61] 王颖纯,董雪敏,刘燕权.基于知识挖掘的图书馆智慧推荐服务模式［J］.图书馆学研究,2018(9):37-43.

[62] 刘晓娟,李广建,化柏林.知识融合:概念辨析与界说［J］.图书情报工作,2016,60(13):13-19;32.

[63] 罗立群,李广建.智慧情报服务与知识融合［J］.情报资料工作,2019,40(2):87-94.

[64] 罗雯瑶.高校学报跨机构合作模式及意义［J］.中国编辑,2020(5):64-67.

[65] 蔺梦华,甘子超.公共文化服务体系下县域图书馆、博物馆、档案馆合作发展模式探析——以佛山市顺德区为例［J］.图书馆理论与实践,2019(9):72-75.

[66] 涂世文,金武刚."互联网+图书馆"服务创新发展——《公共图书馆法》"线上线下相结合"要求研究［J］.图书馆,2018(7):10-14;83.

[67] 白冰茜.自媒体的发展研究［J］.新媒体研究,2018,4(6):109-110.

[68] 李雪,沈雷.服装品牌在新媒体环境下的营销策略研究［J］.丝绸,2020,57(10):65-70.

[69] 李瑶,李菲,柯平.我国公共图书馆品牌营销模式构建及应用［J］.图书情报工作,2020,64(14):26-33.

[70] 陆颖隽,程磊.基于虚拟现实技术的图书馆信息资源建设与服务创新研究——以CADAL为例［J］.图书与情报,2017(4):8-12.

[71] 杨阳,沃淑萍.GB/T 36719—2018《图书馆视障人士服务规范》［J］.标准生活,2019(3):46-49.

[72] 高芹,刘子骥.试论图书馆信息系统安全策略［J］.黑龙江史志,2015(13):265;267.

[73] 张青. 数字版权管理技术在数字图书馆中的应用[J]. 出版广角, 2017 (4)：44-46.

[74] 张海宁. 互联网上的人工智能：数字版权保护新助力[J]. 人民论坛·学术前沿, 2020(14)：104-107.

[75] 赵秋利. 区块链技术在图书馆数字版权领域的应用研究[J]. 牡丹江教育学院学报, 2020(11)：116-117.

[76] 汪迎兵. 数字时代网络版权如何保护[J]. 人民论坛, 2020(15)：112-113.

[77] 易斌, 刘锦平, 陈淑文. 我国读者隐私权保护研究[J]. 图书馆, 2011 (5)：22-24.

[78] 丁鑫. 5G技术背景下智慧馆员支持服务模式构建研究[J]. 图书馆, 2020(9)：46-51.

[79] 王世伟. 再论智慧图书馆[J]. 图书馆杂志, 2012, 31(11)：2-7.

[80] 严栋. 基于物联网的智慧图书馆[J]. 图书馆学刊, 2010, 32(7)：8-10.

[81] 王世伟. 图书馆应当弘扬"智慧工匠精神"[J]. 图书馆论坛, 2017 (3)：51-56.

[82] 罗丽, 杨新涯, 周剑. 智慧图书馆的发展现状与趋势——"智慧图书馆从理论到实践"学术研讨会会议综述[J]. 图书情报工作, 2017, 61 (13)：140-144.

[83] 袁红军. 我国智慧图书馆研究现状、热点与未来展望[J]. 新世纪图书馆, 2019(6)：73-77；82.

[84] 王世伟. 论智慧图书馆的三大特点[J]. 中国图书馆学报, 2012, 38 (6)：22-28.

[85] 初景利, 段美珍. 智慧图书馆与智慧服务[J]. 图书馆建设, 2018(4)：85-90；95.

[86] 段美珍, 初景利, 张冬荣, 等. 智慧图书馆的内涵特点及其认知模型研究 [J]. 图书情报工作, 2021, 65 (12): 57-64.

[87] 杨金庆, 程秀峰. "技术"与"人文"并重: 智慧图书馆实现技术路径及构建模式探析 [J]. 情报理论与实践, 2020, 43 (11): 22-27.

[88] 黄幼菲. 公共智慧服务、知识自由与转知成慧 [J]. 图书与情报, 2012 (1): 10-13; 82.

[89] 夏立新, 白阳, 张心怡. 融合与重构: 智慧图书馆发展新形态 [J]. 中国图书馆学报, 2018, 44 (1): 35-49.

[90] 覃玮境, 向立文, 左逸群. 融合与重构: AI技术驱动下智慧图书馆服务逻辑与路径 [J]. 图书馆工作与研究, 2019 (3): 29-33.

[91] 王梅. 图书馆智慧服务体系中的人文智慧解析 [J]. 新世纪图书馆, 2013 (7): 3-7.

[92] 王东波. 基于数字孪生的智慧图书馆应用场景构建 [J]. 图书馆学研究, 2021 (7): 28-34.

[93] 李璐, 尹玉吉, 李永明. 基于数字孪生的图书馆智慧管控系统模型构建研究 [J]. 图书馆学研究, 2021 (4): 29-37.

[94] 张兴旺, 石宏佳, 王璐. 孪生图书馆: 6G时代一种未来图书馆运行新模式 [J]. 图书与情报, 2020 (1): 96-102.

[95] 赵艺扬. 数字孪生图书馆: 基于数字孪生技术的新型智慧图书馆建设 [J]. 出版广角, 2020 (10): 79-81.

[96] 孔繁超. 基于数字孪生技术的智慧图书馆空间重构研究 [J]. 情报理论与实践, 2020, 43 (8): 146-151.

[97] 张兴旺, 王璐. 数字孪生技术及其在图书馆中的应用研究——以雄安新区图书馆建设为例 [J]. 图书情报工作, 2020, 64 (17): 64-73.

[98] 王璐, 张兴旺. 面向全周期管理的数字孪生图书馆理论模型、运行机

理与体系构建研究［J］. 图书与情报, 2020（5）: 86-95.

[99] 石婷婷, 徐建华, 张雨浓. 数字孪生技术驱动下的智慧图书馆应用场景与体系架构设计［J］. 情报理论与实践, 2021, 44（3）: 149-156.

[100] 段美珍, 初景利. 国内外智慧图书馆研究述评［J］. 图书馆论坛, 2019, 39（11）: 104-112.

三、其他资料

[1] 内蒙古图书馆.［N/OL］. 2017-10-10［2020-09-30］. http://old.nmgcnt. com/index.php? c=show&id=509.

[2] 苏州图书馆启动的"网上借阅社区投递"［N/OL］. 2014-10-14［2020-09-30］. https://js. qq. com/a/20141014/013908. htm.

[3] 杭州图书馆开通支付宝借书还书服务——还能快递到家［N/OL］. 2017-04-25［2020-09-30］. https://baijiahao. baidu. com/s? id=1565638 551287453&wfr=spider&for=pc.

[4] 百度百科. 智慧［DB/OL］. https://baike. baidu. com/ item/%E6%99%BA%E6%85%A7/129438? fr=aladdin.

[5] 360百科. 数字图书馆［DB/OL］. https://baike. so. com/doc/5407202-5645108. html.

[6] 360百科. 共享［DB/OL］. https://baike. so. com/doc/1500050-1586121. html.

[7] 360百科. 人才共享［DB/OL］. https://baike. so. com/doc/6563044-6776799. html.

[8] 360百科. 机制创新［DB/OL］. https://baike. so. com/doc/2147856-2272572. html.

[9] 360百科. 中华人民共和国网络安全法［DB/OL］. https://baike. so. com/ doc/24210940-24838928. html.

[10] MBA智库. 百科-自主创新［DB/OL］. https://wiki.mbalib.com/wiki/%E
8%87%AA%E4%B8%BB%E5%88%9B%E6%96%B0.

[11] 百度百科. 智慧医疗［DB/OL］.https://baike. baidu. com/item.

[12] 百度百科. 智能书架［DB/OL］. https://baike. baidu. com.

[13] 基于RFID的智能化馆藏管理解决方案［EB/OL］.RFID世界
网, (2019-12-11)［2020-09-30］.http://solution.rfidworld.com.
cn/2019_12/8c1b3e71e719f709.html.

[14] 新一代人工智能具有五大特点［EB/OL］. 国新网, (2017-07-24)［2020-
09-30］. http://www. most. gov. cn/xinwzx/xwzx/twzb/fbh17072101/
twzbzbzy/201707/t20170724_134187. htm.

[15] 树心怀. 人工智能在生活中的应用都有哪些?［EB/OL］. 知乎, (2020-
04-09)［2020-09-30］. http://www. 360doc. com/content/20/0409/15/14
269923_904861307. shtml.

[16] 百度. 创客+［DB/OL］. https://baike. baidu. com/item/%E5%88%9B%
E5%AE%A2%2B/17021340? fr=aladdin.

[17] Harry. 从决策支持到智能决策［EB/OL］. (2017-07-09)［2020-09-
30］.https://zhuanlan. zhihu. com/p/27785500.

[18] 360百科. 智能管理［DB/OL］. https://baike.so.com/doc/7908745-
8182840.html.

[19] 汪涛. 未来联接技术将把人类从智能社会带入全息社会［EB/OL］.
(2020-09-24)［2020-09-30］.https://baijiahao. baidu. com/s? id=16787
07444057742406&wfr=spider&for=pc.

[20] 泛在化时代, 场景营销的"破"和"立"［EB/OL］. 高力高科, (2019-
09-20)［2020-09-30］. https://baijiahao. baidu. com/s? id=16451722992
48928786&wfr=spider&for=pc.

[21] 刘兹恒. 图书馆未来发展的十大趋势 [EB/OL]. 中国社会科学网, (2016-04-08) [2020-09-30]. http://www. cssn. cn/ts/ts_sksy/201604/ t20160408_2958297. shtml.

[22] 2020年中国互联网行业主要政策汇总一览 [EB/OL]. 中商情报网, (2020-08-28) [2020-09-30]. https://xw. qq. com/ cmsid/20200828A0GQVU00.

[23] 360百科. 中华人民共和国公共图书馆法 [DB/OL]. https://baike. so. com/doc/25597498-26645310. html.

[24] 360百科. 中华人民共和国公共文化服务保障法 [DB/OL]. https:// baike. so. com/doc/24643627-25532075. html.

[25] 百度百科. 行业自律 [DB/OL].https://baike.baidu.com/item/%E8 %A1%8C%E4%B8%9A%E8%87%AA%E5%BE%8B/4655858? fr=Aladdin.

[26] CNNIC. 2020年第46次中国互联网络发展状况统计报告——网民规模及结构状况 [EB/OL]. 中华人民共和国互联网办公室, (2020-09-29) [2020-09-30]. http://www. 199it. com/archives/1128995. html.

[27] 360百科. 网络安全法 [DB/OL]. https://baike. so. com/doc/7873640-24838970. html.

[28] 百度百科. 大数据 [DB/OL].https://baike. baidu. com/item/%E5%A4% A7%E6%95%B0%E6%8D%AE/1356941? fr=Aladdin.

[39] 任萍萍. "云数智" 融合视域下孪生图书馆应用情境模型与生态体系构建 [J/OL]. 情报理论与实践, 2021 (12): 9; 41-47 [2021-09-27]. http:// kns. cnki. net/kcms/detail/11. 1762. G3. 20210812. 1746. 004. html.

[30] 李青蔚. "互联网+" 背景下小米公司营销策略创新研究 [D]. 郑州: 华北水利水电大学, 2019.